C.H.BECK  WISSEN

in der Beck'schen Reihe

«Müde, erschöpft, ausgebrannt» – wenn Arbeitsbelastungen zum Dauerzustand anwachsen, sprechen Berufstätige von «Burnout», und jeder versteht, was gemeint ist. Lässt sich Burnout aber auch wissenschaftlich definieren, und wenn ja, wie? Wie entsteht das Syndrom namens Burnout? Ist das Risiko, auszubrennen, über alle Berufsgruppen gleichmäßig verteilt, oder ist es bei bestimmten Tätigkeiten, etwa im Lehrerberuf, besonders hoch? Und vor allem: Welche Möglichkeiten gibt es, Burnout-Prozessen möglichst schon im Vorfeld entgegenzuwirken?

Ingeborg Hedderich erklärt das Phänomen «Burnout» umfassend. Ihrer Darstellung liegt der aktuelle, internationale Forschungsstand zugrunde, es werden aber auch sehr konkrete Formen von Prävention und Intervention aufgezeigt. Abgerundet wird das Buch durch eine Reihe von hilfreichen Hinweisen für die eigene Stressbewältigung und Psychohygiene.

Prof. Dr. paed. *Ingeborg Hedderich* ist als Erziehungswissenschaftlerin in der Lehrerbildung tätig und leitet das Institut für Förderpädagogik an der Universität Leipzig.

Ingeborg Hedderich

BURNOUT

Ursachen, Formen, Auswege

Verlag C. H. Beck

Mit 9 Tabellen

Originalausgabe

© Verlag C. H. Beck oHG, München 2009
Satz: Fotosatz Reinhard Amann, Aichstetten
Druck und Bindung: Druckerei C. H. Beck, Nördlingen
Umschlagentwurf: Uwe Göbel, München
Printed in Germany
ISBN 978 3 406 56265 5

www.beck.de

Inhalt

Vorwort 7

1. Beispiele: Betroffensein 9

2. Definitionsversuche – Definitionsprobleme 10

3. Historie: Von der Neurasthenie zum Burnout 13

4. Ätiologie: Burnout und Stress 18

5. Symptomatologie: Eine Synopse 22

6. Erklärungsmodelle:
   Persönlichkeit, Arbeitsplatz, Gesellschaft 28

7. Messinstrumente: Qual der Wahl 32

8. Forschungsergebnisse: Ernüchternde Bilanz 38

9. Im Fokus: Burnout im Lehrerberuf 43

10. Perspektivwechsel:
    Von der Belastung zur Bewältigung 56

11. Prävention und Intervention:
    Entlastung, Erholung, Ernüchterung 62

12. Ausblick: Was schützt und stärkt! 95

Glossar 98
Literatur 100
Kommentierte Bibliografie 104
Hilfreiche Informationen 106
Sachregister 109

Vorwort

Längere Arbeitszeiten, wenig Anerkennung und die Sorge um den Verlust des Arbeitsplatzes lassen immer mehr Menschen psychisch erkranken. So berichtet die *Frankfurter Rundschau* im April 2008 unter Berufung auf den Berufsverband Deutscher Psychologinnen und Psychologen. Viele Arbeitnehmer und Arbeitnehmerinnen müssen mobil und zeitlich flexibel sein. Wenn dann kein Sinn in der Arbeit gesehen werden kann, stellen sich Frustrationen ein. In diesem Zusammenhang ist es besonders problematisch, wenn die individuelle Leistung von den Führungskräften nicht genügend Anerkennung erfährt. Mangelnde Wertschätzung erhöht das Burnout-Risiko. Zu den besonders betroffenen Berufsgruppen zählen Lehrkräfte. Obwohl sie einen bedeutsamen gesellschaftlichen Auftrag haben, erfährt dieser Berufsstand eher gesellschaftliche Geringschätzung.

Dieses Buch will Burnout für Sie verstehbar machen. Es wurde für einen größeren Leserkreis und nicht für das Fachkollegium geschrieben. Beabsichtigt wird, die Fragen nach der Begrifflichkeit, nach den Verursachungsfaktoren und den Erscheinungsformen von Burnout auf der Basis des gegenwärtigen forschungs- und fachwissenschaftlichen Kenntnisstandes seriös und kritisch zu beantworten.

Ich erhielt wertvolle Unterstützung, um diese Herausforderung bewältigen zu können. Danken möchte ich Herrn André Hecker für zahlreiche Literaturrecherchen, Literaturreporte und den Entwurf des Sachregisters, Frau Regina Splitt für die Erstellung des gesamten Typoskriptes.

Mit Sicherheit enthält das Buch auch Lösungsideen, kann aber in keinem Fall eine individuell notwendige Beratung oder Therapie ersetzen. Welches Motiv bewegt Sie, dieses Buch zu lesen? Einige Fragen können zunächst helfen zu klären, inwieweit das Thema Burnout für Sie zurzeit auch persönlich relevant ist.

Denken Sie bereits am Wochenende mit großem Un-
behagen an den nächsten Arbeitstag?

Fühlen Sie sich oft unter Zeitdruck und haben Sie das
Gefühl, dass Ihnen die Zeit davonläuft?

Denken Sie häufig, dass Ihnen keine Zeit mehr für das
Wesentliche im Leben bleibt?

Wie oft leiden Sie unter Hektik und Lärm an Ihrem
Arbeitsplatz?

Ich wünsche Ihnen eine erkenntnisreiche und hilfreiche Lektüre.

Leipzig, im Frühjahr 2009   *Ingeborg Hedderich*

I. Beispiele: Betroffensein

Das subjektive Empfinden des Ausgebranntseins wird in unserer modernen Leistungsgesellschaft des 21. Jahrhunderts häufig kommuniziert. Es ist naheliegend, vor einer fachlichen Betrachtung zunächst Betroffene selbst zu Wort kommen zu lassen.

Manfred B., leitender Angestellter, 43 Jahre

«(...) ich war wirklich gut. Immer wenn es ein Problem mit der Maschine, meinem Baby, gab, haben sie mich gerufen aus ganz Europa. Mein neuer Chef (...) und ein übereifriger Controller (...) und schon bist du weg vom Fenster. Alles, was du getan hast, ist keinen Pfifferling mehr wert – das sage ich nur so locker, die Wirklichkeit sieht ganz anders aus. Seitdem ich gekündigt habe, da geht bei mir nichts mehr: Ich kann keine Computer mehr sehen, wenn ich nur an die Firma denke (...); Es geht einfach nicht mehr; mir wird einfach schlecht, schwirrt der Kopf (...) zu Hause lebe ich so vor mich hin, aber wie es weitergehen soll, weiß ich nicht.» (Hillert/Marwitz 2006, 19 f.)

Marion A., Lehrerin, 49 Jahre

«Seit 2 Jahren quäle ich mich nur noch in die Schule. Häufig ging es mir so schlecht, dass mein Hausarzt darauf bestand, mich krankzuschreiben. Es fehlt mir einfach an Kraft, ich kann mich zu nichts mehr aufraffen, mich auf nichts mehr konzentrieren. Privatleben habe ich schon lange keins mehr, alles ging für die Schule drauf. Vorbereitungen, Korrekturen, und nach dem Unterricht habe ich dann apathisch auf dem Sofa gelegen, bis in den Abend hinein.» (Hillert/Marwitz 2006, 17)

Was verbindet den frustrierten und perspektivlosen leitenden Angestellten und die erschöpfte Lehrerin? Wie lässt sich Burnout begrifflich fassen?

2. Definitionsversuche – Definitionsprobleme

Burnout (dt.: ausbrennen) ist ein Begriff der Alltagssprache, der meistens im beruflichen Kontext Verwendung findet. Eine einheitliche wissenschaftliche Definition des Begriffes Burnout gibt es nicht. In vielen Fachpublikationen findet sich einleitend der Hinweis, dass es seitens der Wissenschaft lange Zeit Vorbehalte gegenüber dem Konstrukt Burnout gab. Mit Sicherheit hat der inflationäre Gebrauch dieses Schlagwortes in populärwissenschaftlichen Medien die Akzeptanz dieses Phänomens und dessen wissenschaftliche Erforschung erschwert. Eine Internetrecherche fördert mittlerweile – je nach Suchmaschine – über 10 000 Veröffentlichungen unterschiedlicher Qualität zum Thema Burnout für verschiedene Ziel- und Lesergruppen zutage. Das intuitive Verständnis des Ausdrucks Burnout im umgangssprachlichen Bereich ist hingegen häufig sehr groß. Zweifelsohne ist Burnout ein sozialpsychologischer Begriff von hoher gesellschaftlicher Praxisrelevanz, aber nicht per se eine klinische Diagnose. In der offiziellen Medizin hat sich der Begriff noch nicht etabliert. Der internationale Diagnoseschlüssel zur Klassifikation von Krankheiten (ICD-10), herausgegeben von der Weltgesundheitsorganisation, enthält in seiner neuesten Auflage (1991) auch einen Eintrag zum Phänomen Burnout als «Zustand der totalen Erschöpfung», der nicht näher erläutert wird (Schlüssel = Z.73.0). Im Katalog der Deutschen Krankenkassen taucht Burnout jedoch noch nicht auf. Wenn von medizinischer Seite Burnout behandelt wird, muss zur Abrechnung beispielsweise auf die Diagnose Depression ausgewichen werden.

Auch seitens der akademischen Psychologie gibt es, wie Burisch (2006) berichtet, von jeher eine «Berührungsscheu», die nie abgelegt wurde. Dennoch sind mittlerweile Standardwerke erschienen (Burisch 2006; Schaufeli/Enzmann 1998; Rook 1998; Rösing 2003), die sich etabliert haben. Burnout-Definitionen liegen in großer Anzahl vor, auch wenn sich, wie bereits erwähnt, keine einheitliche Definition durchgesetzt hat bzw. hat durchsetzen können.

Tabelle 1: Burnout-Definitionen (Hedderich 1997, 14; modifiziert)

Autor/Autorin	Definition
Maslach und Jackson (1981)	Emotionale Erschöpfung, Depersonalisation und verringerte persönliche Erfüllung im Beruf bei an der Grenze ihrer Leistungsfähigkeit arbeitenden Menschen
Freudenberger und Richelson (1980)	Erschöpfung und Enttäuschung nach Erkennen unrealistischer Erwartungen
Pines, Aronson, Kafry (2006)	Körperliche, geistige und seelische Erschöpfung durch gefühlsmäßige Überlastung

Die referierten Definitionen geben Zustandsbeschreibungen, ungeklärt bleibt jedoch der Beginn der Symptomatik. Als Synopse vieler Definitionsversuche schlagen Schaufeli und Enzmann folgende Arbeitsdefinition vor:

«Burnout ist ein dauerhafter, negativer, arbeitsbezogener Seelenzustand ‹normaler› Individuen. Er ist in erster Linie von Erschöpfung gekennzeichnet, begleitet von Unruhe und Anspannung (Disstress), einem Gefühl verringerter Effektivität, gesunkener Motivation und der Entwicklung disfunktionaler Einstellungen und Verhaltensweisen bei der Arbeit. Diese psychische Verfassung entwickelt sich nach und nach, kann den betroffenen Menschen aber lange unbemerkt bleiben. Sie resultiert aus einer Fehlanpassung von Intentionen und Berufsrealität. Burnout erhält sich wegen ungünstiger Bewältigungsstrategien, die mit dem Syndrom zusammenhängen, oft selbst aufrecht» (Schaufeli/Enzmann 1998, 36, in Übersetzung von Burisch 2006, 19).

Aber auch diese sehr umfassende Definition gibt Anlass zu fragen, ob das Kernsymptom der Erschöpfung für eine Diagnose ausreicht oder welche Begleitsymptome vorhanden sein müssen. Für Burisch (2006, 15), der als renommierter deutscher Burnout-Forscher gilt, ist der Burnout-Begriff ein «fuzzy set», eine «randunscharfe Menge», den zu definieren der Aufgabe gleichkomme, die Grenzen einer großen Wolke beschreiben zu wollen. Weit mehr Einigkeit besteht darüber, wie sich Burnout in der Historie als Begriff etablieren konnte.

3. Historie:
Von der Neurasthenie zum Burnout

Ist Burnout eine Modediagnose? Ein Blick weit zurück zeigt: Vor etwa 100 Jahren wurden bereits sehr ähnliche Symptome unter dem Begriff «Neurasthenie» diskutiert. Noch heute listet das Diagnosesystem der Weltgesundheitsorganisation diagnostische Leitlinien für Neurasthenie auf: geistige Ermüdbarkeit und Erschöpfung, Schlafstörungen und die Unfähigkeit zu entspannen. Die deutliche Parallele widerlegt das Vorurteil der Modediagnose. Auch Barth (1997, 13) zitiert den *Oberpfälzischen Schulanzeiger* von 1911, in dem unter dem Titel «Lehrerkrankheiten» bereits eine typische Nervenkrankheit mit dem Begriff «Neurasthenie» beschrieben wurde, deren Symptomatik dem «heutigen Burnout» relativ nahe kommt. Als vielfältige Symptome werden benannt: Schlafstörungen, Überempfindlichkeit von Haut, Gehör und Augen, Kopfschmerzen, Ermüdung, Konzentrations- und Aufmerksamkeitsstörungen, Verringerung der Leistungsfähigkeit, Niedergeschlagenheit oder Übererregbarkeit, Appetitstörungen und Arbeitsunfähigkeit sowie andere subjektive Beeinträchtigungen des Empfindens. Die Existenz von Burnout als Konzept ist folglich nicht neu, die Verbreitung hat jedoch in den letzten 30 Jahren massiv zugenommen.

Doch nun zu einer systematischen Betrachtung der Entdeckungsgeschichte von Burnout. Sie ist zunächst einmal eine personenbezogene Darstellung der Burnout-Entdeckungswege von Herbert J. Freudenberger, Christina Maslach und Cary Cherniss. Den genannten Personen wird in Monografien (Burisch 2006; Rook 1998; Rösing 2003) forschungshistorische Bedeutung zugesprochen.

Als Beginn der Burnout-Diskussion gilt ein Artikel des Psychoanalytikers Herbert Freudenberger mit dem Titel: «Staff Burn-out», der im Jahre 1974 im *Journal of Social Issues* publiziert wurde. Freudenberger berichtet über seine eigenen Erfahrungen in einer alternativen Selbsthilfe- und Kriseninterventionseinrichtung in New York. Er bezieht sich in seiner Beschreibung von Burnout also ausdrücklich auf seine eigene Lebensgeschichte. Sowohl bei sich selbst als auch bei weiteren ehrenamtlich Tätigen, die sich in Projekten der Obdachlosen- und Drogenhilfe für Jugendliche engagierten, beobachtete er Tendenzen der Ermüdung und Langeweile durch Routine, die er mit dem Begriff «burn-out» bezeichnete. Als burnout-gefährdet sieht Freudenberger (1974) vor allem Menschen mit hoher Anstrengungsbereitschaft und hohen Erwartungen an sich selbst und andere. Seine Selbstanalysen dokumentierte er auf Tonband und interpretierte seine persönliche Burnout-Erfahrung auf der Basis seines psychoanalytischen Erfahrungs- und Wissenshintergrundes als mangelhaft bewältigte Probleme in der Kindheit. Sah Freudenberger in seinem Artikel von 1974 noch einen engen Begründungszusammenhang zwischen Burnout und sozialen Tätigkeitsfeldern, so nahm er in späteren Werken (Freudenberger / Richelson 2003) eine Ausweitung der untersuchten Personengruppe und des Burnout-Begriffs auf andere, nicht ausschließlich soziale Tätigkeitsfelder vor. Insgesamt wird Freudenberger eindeutig als «Gründungsvater» der Burnout-Forschung gesehen. Seine Studien werden von ihrer Qualität her aber als «feuilletonistisch» bewertet.

Der Übergang der feuilletonistischen zur empirischen Forschungsphase ist eng mit dem Namen der Psychologin Christina Maslach verbunden. Sie ist an der Universität von Kalifornien (Berkeley, USA) tätig und hat durch ihre Definition von Burnout und die Entwicklung eines Messinstrumentes (Maslach Burnout Inventory) die theoretische und forschungsmethodische Entwicklung zum Thema Burnout weltweit beeinflusst. Von Maslach liegt eine Publikation aus dem Jahr 1984 (Maslach / Jackson 1984) vor, in der sie selbst rückblickend die Entwicklungsgeschichte der Burnout-Forschung bewertet. Sie berichtet von den anfänglichen Schwierigkeiten, Aufsätze über Burnout in Fachzeitschriften zu publizieren, weil die Herausgeber ihre Arbeit für nicht wissenschaftlich genug hielten. Einmal sei ihr ein Artikel mit der Notiz zurückgesandt worden, an «Pop-Psychologie» bestehe kein Interesse. Eine Situation, die sich bald ändern sollte. Maslach untersuchte Helfer und Helferinnen im Gesundheitssektor. Die beobachteten Burnout-Symptomatiken treten ihrer Meinung nach aber auch bei anderen sozialen Dienstleistungsberufen auf, die sie in ihre Untersuchungen mit einbezieht (z. B. Rettungspersonal oder Lehrer und Lehrerinnen). Im Gegensatz zu Freudenberger, der als Psychoanalytiker seinen Blick vor allem auf Persönlichkeitsmerkmale richtet, konzentriert sich Maslach als Sozialpsychologin eher auf Arbeitsumwelt und Arbeitsbedingungen, die einen Verlust von Idealismus und Energie hervorrufen können. Ebenso wie der Name Freudenberger ist auch der Name Maslach untrennbar mit Burnout verbunden, insbesondere wegen der 1981 mit Susan E. Jackson veröffentlichten Diagnostik. Das Maslach Burnout Inventory (MBI) war der erste Fragebogen, mit dem der Zustand des Ausgebranntseins operationalisiert gemessen werden konnte (vgl. ausführlich Kapitel 7). Die Diagnostik kommt noch heute bei der überwiegenden Anzahl themenbezogener Forschungsstudien zum Einsatz. Dem Verständnis von Maslach und Jackson (1981) nach lässt sich das Phänomen Burnout mit Hilfe der Dimensionen emotionale Erschöpfung, reduzierte persönliche Leistungsfähigkeit und Depersonalisation darstellen. Eine eigene Theorie im engeren Sinne hat Maslach ähnlich wie Freudenberger nicht formuliert, aber auch nicht den Anspruch auf Wissenschaftlichkeit erhoben und sich mit ihren Publikationen häufig an ein breites Publikum gewendet.

Als dritter Burnout-Forscher ist Cary Cherniss, der an der Rutgers-Universität (New Jersey, USA) arbeitet, hervorzuheben. Cherniss' arbeits- und organisationspsychologisch orientierter Ansatz berücksichtigt auch historische, soziale und kulturelle Bedingungen. Neben dem Stress, der durch bestimmte Arbeitsbedingungen entsteht, werden auch Faktoren des kulturellen und gesellschaftlichen Wandels in die Modellformulierungen integriert. Analog zur Stresstheorie von Lazarus/Launier (1981) ist die Burnout-Definition von Cherniss transaktional, d. h. auf die Interaktion zwischen Individuum und Umwelt, ausgerichtet und besteht aus den drei ineinander übergehenden Stufen: Arbeitsstress, Stressreaktion und Burnout oder Coping.

Tabelle 2: Transaktionale Burnout-Definition
(Cherniss 1980, 18; modifiziert)

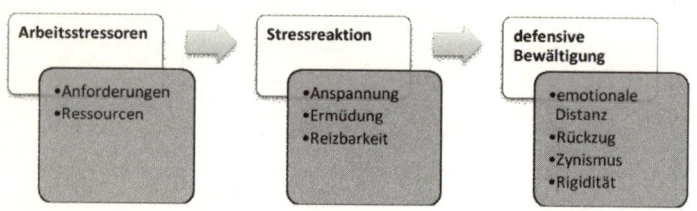

Kennzeichnend für das Auftreten von Burnout ist der Versuch des Betroffenen, den Stress schließlich mit defensiven Strategien zu bewältigen, zum Beispiel durch eine emotionale Distanzierung von der Arbeit; möglich sind aber auch körperlich-räumliche Distanzierung, Rückzug, Zynismus und Rigidität. Cherniss (1980) wählt im Gegensatz zu Maslach eine qualitative Forschungsmethodik und führt weitgehend unstrukturierte Tiefeninterviews als Längsschnitterhebung durch. Von besonderem Interesse ist für ihn die Phase des Berufseinstiegs in verschiedenen sozialen Dienstleistungsberufen. Im Zentrum steht der Prozess der Bewältigung und Anpassung in den ersten Berufsjahren, da diese Zeit des Übergangs von einer eher theoriegeleiteten Ausbildung in die berufliche Praxis eine besonders herausfordernde und anstrengende Phase ist. Cherniss kommt in seinen Forschungen zu dem Ergebnis, dass Menschen, die einen Sinn in ihrer Tätigkeit erleben und sich sozial eingebunden fühlen, eine höhere Stressresistenz entwickeln und sich vor Burnout-Prozessen schützen können.

Insgesamt lässt sich die Entwicklung des Forschungsfeldes Burnout in eine Pionierphase und eine empirische Phase (Rook 1998; Rösing 2003) unterteilen. Für die Pionierphase ab Mitte der 1970er-Jahre waren das Entdecken und das Beschreiben des Phänomens von Burnout charakteristisch. In der empirischen Phase mit Beginn der 1980er-Jahre verlagerte sich der Schwerpunkt auf die Durchführung empirischer Untersuchungen zur Erforschung von Burnout, wobei in erster Linie das Maslach Burnout Inventory als standardisierte quantitative Erhebungsform zum Einsatz kam. In der Bundesrepublik beginnt die Rezeption der amerikanischen Burnout-Literatur erst etwa 1980. Ein Vergleich zu den USA bis 1989 zeigt eine sehr geringe Forschungsaktivität im deutschsprachigen Raum. Von 1978 bis 1989 sind insgesamt 295 englischsprachige Forschungsarbeiten zu verzeichnen, für den deutschsprachigen Raum liegen nach Rudow (1994, 123) dagegen nur zwölf Beiträge vor. Rudow sieht die Verursachung in erster Linie in einem noch fehlenden gesellschaftlichen Bewusstsein der bundesrepublikanischen Öffentlichkeit. Ab 1990 werden auch in Deutschland erste empirische Forschungsarbeiten durchgeführt, die sich insbesondere auf die Anwendung des Maslach Burnout Inventory beziehen (Barth 1997). Erst Mitte der 1990er-Jahre lässt die Burnout-Forschung eine Trendwende erkennen: Zum einen ist die Forschung nun darauf ausgerichtet, bei der Entwicklung von empirischen Verfahren vor allem auf persönliche Ressourcen und erfolgreiche Bewältigungsstile zurückzugreifen (Schaarschmidt/Fischer 2001). Zum anderen wird verstärkt für die vielfältige Anwendung von wissenschaftlichen Methoden plädiert; Favoriten im Rahmen der Burnout-Forschung sind insbesondere qualitative Methoden (Rook 1998).

4. Ätiologie:
Burnout und Stress

Ohne Zweifel dürfte ein enger Zusammenhang zwischen Burnout und Stress bestehen. Kleiber und Enzmann (1990) verweisen darauf, dass beide Begriffe in vielen Veröffentlichungen eine synonyme Verwendung finden. Darüber hinaus sind beide Termini sowohl Bestandteil der Alltags- als auch der Wissenschaftssprache. Stress wird als Schlüsselphänomen für das Verständnis von Burnout angesehen. Der Begriff wurde von Selye (1975), der als Begründer der Stressforschung gilt, in die Literatur eingebracht. Stress wird als unspezifische Reaktion des Organismus auf jede Art von Anforderungen gesehen, die an ihn gestellt wird. Stressoren können entweder als positive Herausforderung oder als bedrohende Einengung im Berufsalltag erlebt werden. Es ist das Verdienst der psychologischen Stressforschung, herausgearbeitet zu haben, dass es sich dabei um ein sehr individuelles Phänomen handelt. Menschen reagieren auf Stressoren mit unterschiedlichen physiologischen Reaktionsmustern. Darüber hinaus kann eine ähnliche Situation bei Menschen zu sehr unterschiedlich starken Reaktionen führen. Insbesondere psychosoziale Stressoren sind nur subjektiv zu definieren. Die neuere Stressforschung betrachtet Stress deshalb als etwas sehr Individuelles.

Diese Sichtweise wird am häufigsten mit der Forschergruppe um Lazarus (1999) in Verbindung gebracht. Lazarus lehrt und forscht seit 1957 an der Universität Berkeley, an der auch Maslach tätig ist, jedoch lassen sich keine Verbindungen zwischen den Stress- und Burnout-Untersuchungen zum Beispiel in Form von Veröffentlichungen feststellen. Nach Lazarus wird in einer Stresssituation zunächst eine Einschätzung dahingehend vorgenommen, ob die Situation als neutral, als positiv oder stressgeladen zu bewerten ist. Stresssituationen können als herausfordernd, bedrohlich oder sogar schädigend wahrgenommen werden. Erst von dem Augenblick an, ab dem ein Mensch eine Situation im Sinne einer kognitiven Einschätzung als stresshaft bewertet, ist auch tatsächlich ein Stresszustand gegeben. Zusätzlich bezieht das transaktionale Stressmodell die zeitliche Entwicklung des Einschätzungsprozesses aufgrund der wechselseitigen Beeinflussung von Person und Umwelt mit ein. Von der primären Lageeinschätzung, die häufig sehr schnell erfolgt, wird eine sekundäre abgegrenzt, in der verfügbare Handlungsalternativen geprüft und ausgewählt werden. Dies ist zugleich auch das erste Stadium der Situationsbewältigung.

Die Summe der sich stets verändernden Anstrengungen, die ein Mensch unternimmt, um Anforderungen zu bewältigen, lässt sich nach Lazarus/Folkman (1997) als Coping (dt.: Bewältigung) bezeichnen. Der Begriff umfasst sowohl intrapsychische Reaktionen (z. B. Resignation, Bagatellisierung) als auch verhaltensorientierte Strategien (z. B. Fluchtverhalten). Bewältigung wird dabei nicht durch den erfolgreichen Abschluss der Stresssequenz definiert, bereits der Versuch oder das Bemühen wird als Coping bezeichnet. Bewältigung ist ein prozesshaftes Geschehen: Initiiert wird es durch negative Emotionen, die während der primären Bewertung einer Situation als Bedrohung erlebt werden. In der Verarbeitung entstehen durch Neubewertung wiederum Änderungen der Emotionen. Bewältigung wird als Variable aufgefasst, die in jeder aktuellen Situation jeweils neu zwischen Belastung und Stressreaktion vermittelt. Folgende Copingstile und Strategien lassen sich unterscheiden (Lazarus/Folkman 1987, 153):

1. konfrontative Bewältigung
2. kognitive Distanzierung
3. Selbstkontrolle
4. Suche nach sozialer Unterstützung
5. Übernahme von Verantwortung
6. Fluchtvermeidung
7. problembezogene Lösungsversuche
8. positive Neueinschätzung

Die Emotions-Coping-Relation ist innerhalb des Bewältigungsprozesses von besonderer Bedeutung. Emotionen beeinflussen die Stressbewältigung, das Ergebnis des Coping ist ein verändertes System-Umwelt-Verhältnis, das mit Emotion und Kognition rückgekoppelt ist.

Fassen wir zusammen: Stress entsteht durch ein sehr komplexes Zusammenspiel von externen Belastungsfaktoren und individuellen Bewältigungsmöglichkeiten bzw. Copingstrategien. Und wie lässt sich Burnout in diesen Überlegungen zu Stress verankern? Burnout kann als langfristige Stressfolge betrachtet werden. Bei der Entstehung von Burnout spielen Überlastung und Unfähigkeit zur erfolgreichen Bewältigung aus der Perspektive der betroffenen Person mit Sicherheit eine bedeutsame Rolle. Hoher Stress führt aber nicht automatisch zum Ausbrennen. Ein bedeutsamer Unterscheid zwischen Burnout und Stress liegt in der subjektiven Bewertung der Bewältigungsmöglichkeiten von Stresssituationen. So kann Burnout als letzte Stufe eines missglückten Prozesses angesehen werden, negative Stressbedingungen zu bewältigen.

Man könnte Burnout als ein Synonym für Arbeitsunzufriedenheit ansehen. Arbeitszufriedenheit wird als subjektive Einstellung zum Arbeitsverhältnis charakterisiert (Rudow 1994). Das persönliche Urteil über die Arbeit und ihre Zufriedenheit hängt von kognitiven und emotionalen Bewertungsprozessen ab. Eine besondere Rolle spielen: die erlebte Sinnhaftigkeit der Arbeit, die erlebte Verantwortung für das Arbeitsergebnis, die Kenntnis über das Ergebnis der eigenen Arbeit. Ein viel zitiertes Modell der Arbeits(un)zufriedenheit stammt von Bruggemann (1974). Bruggemann fasst Arbeitszufriedenheit als Ergebnis eines Ist-Soll-Wert-Vergleiches auf. Ist die Differenz gering oder gleich Null, tritt zunächst eine Periode der Entlastung und Stabilisierung ein. Ist die Differenz dagegen relativ groß, führt dies zunächst zu einer diffusen Arbeitsunzufriedenheit. Bei Berufsunzufriedenheit werden die Erwartungen entweder gesenkt, was resignative Arbeitszufriedenheit nach sich zieht, oder trotz Frustrationen beibehalten. Für den letzteren Fall gibt es drei Möglichkeiten der Problembewältigung: zunächst die aktive Suche nach Lösungen (konstruktive Arbeitsunzufriedenheit), der Verzicht auf Anstrengungen der Problembewältigung (fixierte Arbeitsunzufriedenheit) oder der Einsatz psychologischer Abwehrmechanismen zur Verschleierung der Situation (Pseudo-Arbeitsunzufriedenheit).

Die Theorie der Arbeitsunzufriedenheit nach Bruggemann weist verschiedene Parallelen zum Konstrukt Burnout auf. Ausgebrannte Personen geben die Schuld für ihre Schwierigkeiten häufig den Menschen, mit denen sie beruflich zu tun haben. Dabei handelt es sich laut Bruggemann um Abwehrmechanismen zur Verschleierung oder zum Erträglichmachen des beginnenden Burnout-Prozesses. Der Verzicht auf Anstrengungen der Problembewältigung könnte einem weit fortgeschrittenen Stadium des Burnouts entsprechen, wenn keine Lösungen mehr zu sehen sind. Oft resultieren daraus psychosomatische Störungen bzw. die Kündigung des Arbeitsverhältnisses.

Arbeitsunzufriedenheit und Burnout stehen in einem differenzierten Wechselverhältnis. Arbeitsunzufriedenheit kann bei jeder beruflichen Tätigkeit auftreten, Burnout bezieht sich jedoch eher auf Tätigkeiten in sozialen Dienstleistungsberufen. Über diese Grenzziehung besteht zumindest ein weitgehender Konsens in der Wissenschaftsgemeinschaft. Geringe Berufszufriedenheit kann Burnout bewirken, Burnout kann jedoch auch unabhängig von fehlender Berufszufriedenheit entstehen und dann auf diese zurückwirken. Arbeitszufriedenheit und Burnout zeigen Zusammenhänge, sind jedoch nicht identisch. Beide Phänomene können unabhängig voneinander auftreten, aber auch miteinander in Interaktion treten.

Es ist davon auszugehen, dass Arbeitsunzufriedenheit und Stress Burnout begünstigen. Andererseits lässt sich durch Arbeitszufriedenheit und die Wegnahme von Stressoren präventiv gegen das Entstehen eines Burnout-Prozesses vorgehen.

5. Symptomatologie: Eine Synopse

Das Burnout-Syndrom ist mittlerweile bei rund 60 Berufen beschrieben worden. In alphabetischer Reihenfolge reichen sie von A wie Anwalt bis Z wie Zahnarzt (Burisch 2006, 21–24; modifiziert).

- *Beratung:* Anwälte, Organisationsberater, Personal von Beratungsstellen, Schulpsychologen, Studentenberater
- *Dienstleistungsberufe:* Apotheker, Bestatter, Bibliothekare, Hauswirtschaftsleiterinnen, Krankenhausapotheker, Stewardessen
- *Hoheitsdienste:* Fluglotsen, Gefängnispersonal, Polizisten, Richter
- *Medienberufe:* Journalisten, Reporter
- *Medizinische Versorgung:* Ärzte und Zahnärzte, Hebammen, medizinisch-technische Assistentinnen, Zahnarzthelferinnen
- *Nichtmedizinische Therapie:* Beschäftigungstherapeuten, Mitarbeiter von Kriseninterventionsstellen, Psychoanalytiker, Psychotherapeuten, Sprach- und Stimmtherapeuten
- *Pflege:* Altenhelferinnen, Eltern und Therapeuten autistischer Kinder, Gemeindeschwestern, Krankenschwestern, Oberschwestern, Pflegepersonal geistig behinderter Erwachsener
- *Rettungspersonal:* Feuerwehrleute, Sanitäter
- *Seelsorge:* Missionare, Pfarrer und Priester, Rabbis
- *Sozialarbeit im weiteren Sinne:* Bewährungshelfer, Drogenberater, Fürsorger, Hauseltern in Kinderdörfern, Jugendfürsorger, Sozialarbeiter
- *Unterricht und Lehre:* Erwachsenenbildner, Erzieherinnen, Hochschullehrer, Lehrer und Lehrerinnen, Sporttrainer
- *Verwaltung:* Leiter von Schulen, Hochschulen, Kliniken und Rehabilitationseinrichtungen, Verwaltungsbeamte

- **Wirtschaft:** Investmentbanker und Anleger, Kreditsachbearbeiter, Kundendienstmitarbeiter, Manager, Sekretärinnen, Versicherungspersonal

Wiederum Burisch (2006) hat auch die in der gesamten Burnout-Literatur erwähnten Symptome sondiert. Ein differenziertes Gesamtbild der Burnout-Symptomatik gestaltet sich wie folgt:

Tabelle 3: Burnout-Symptomatik (Burisch 2006, 25–26; modifiziert)

1. Warnsymptome der Anfangsphase

a) vermehrtes Engagement für Ziele
- Hyperaktivität
- freiwillige unbezahlte Mehrarbeit
- Gefühl der Unentbehrlichkeit
- Gefühl, nie Zeit zu haben
- Verleugnung eigener Bedürfnisse
- Verdrängung von Misserfolgen und Enttäuschungen
- Beschränkung sozialer Kontakte auf Klienten

b) Erschöpfung
- chronische Müdigkeit
- Energiemangel
- Unausgeschlafenheit
- erhöhte Unfallgefahr

2. Reduziertes Engagement

a) für Klienten, Patienten etc.
- Desillusionierung
- Verlust positiver Gefühle gegenüber Klienten
- Größere Distanz zu Klienten
- Meidung von Kontakt mit Klienten und/oder Kollegen
- Aufmerksamkeitsstörungen in der Interaktion mit Klienten
- Verschiebung des Schwergewichts von Hilfe zur Beaufsichtigung
- Schuldzuweisung für Probleme an Klienten
- Höhere Akzeptanz von Kontrollmitteln und Strafen oder Tranquilizern
- Stereotypisierung von Klienten, Kunden, Schülern etc.; Betonung von Fachjargon
- Dehumanisierung

b) für andere allgemein
- Unfähigkeit zu geben
- Kälte
- Verlust der Empathie
- Unfähigkeit zur Transposition
- Verständnislosigkeit
- Schwierigkeiten, anderen zuzuhören
- Zynismus

c) für die Arbeit
- Desillusionierung
- Negative Einstellung zur Arbeit
- Widerwillen und Überdruss
- Widerstand, täglich zur Arbeit zu gehen
- Ständiges Auf-die-Uhr-Sehen
- Fluchtphantasien
- Tagträume

2. Reduziertes Engagement *(Fortsetzung)*

- Überziehen von Arbeitspausen
- Vorverlegter Arbeitsschluss
- Fehlzeiten
- Verlagerung des Schwergewichtes auf die Freizeit, Aufblühen am Wochenende
- Höheres Gewicht materieller Bedingungen für die Arbeitszufriedenheit

d) erhöhte Ansprüche
- Verlust von Idealismus
- Konzentration auf die eigenen Ansprüche
- Gefühl mangelnder Anerkennung
- Gefühl, ausgebeutet zu werden
- Eifersucht
- Partnerprobleme
- Konflikte mit den eigenen Kindern

3. Emotionale Reaktionen; Schuldzuweisung

a) Depression, Schuldgefühle
- reduzierte Selbstachtung
- Insuffizienzgefühle
- Gedankenverlorenheit
- Selbstmitleid
- Humorlosigkeit
- Unbestimmte Angst und Nervosität
- Abrupte Stimmungsschwankungen
- Verringerte emotionale Belastbarkeit
- Bitterkeit
- Abstumpfung, Gefühl von Abgestorbensein und Leere
- Schwächegefühl
- Neigung zum Weinen
- Ruhelosigkeit
- Gefühl des Festgefahrenseins
- Hilflosigkeits-, Ohnmachtsgefühle
- Pessimismus/Fatalismus
- Apathie, Selbstmordgedanken

b) Aggression
- Schuldzuweisung an andere oder «das System»
- Vorwürfe an andere
- Verleugnung der Eigenbeteiligung
- Ungeduld
- Launenhaftigkeit
- Intoleranz
- Kompromissunfähigkeit
- Nörgeleien
- Negativismus
- Reizbarkeit
- Ärger und Ressentiments
- Defensive/paranoide Einstellungen
- Misstrauen
- Häufige Konflikte mit anderen

4. Abbau

a) der kognitiven Leistungsfähigkeit
- Konzentrations- und Gedächtnisschwäche
- Unfähigkeit zu komplexen Aufgaben
- Ungenauigkeit
- Desorganisation
- Entscheidungsunfähigkeit
- Unfähigkeit zu klaren Anweisungen

b) der Motivation
- verringerte Initiative

- Verringerte Produktivität
- Dienst nach Vorschrift

c) der Kreativität
- verringerte Phantasie
- verringerte Flexibilität

d) Entdifferenzierung
- rigides Schwarz-Weiß-Denken
- Widerstand gegen Veränderung

5. Verflachung

a) des emotionalen Lebens
- Verflachung gefühlsmäßiger Reaktionen
- Aufgabe von Hobbys
- Gleichgültigkeit

b) des sozialen Lebens
- weniger persönliche Anteilnahme an anderen oder expressive Bindung an Einzelne
- Meidung informeller Kontakte
- Suche nach interessanteren Kontakten

- Meidung von Gesprächen über die eigene Arbeit
- Eigenbröteleien
- Mit-sich-selbst-beschäftigt-Sein
- Einsamkeit

c) des geistigen Lebens
- Aufgabe von Hobbys
- Desinteresse
- Langeweile

6. Psychosomatische Reaktionen

- Schwächung der Immunreaktion
- Unfähigkeit zur Entspannung in der Freizeit
- Schlafstörungen
- Alpträume
- Sexuelle Probleme
- Gerötetes Gesicht
- Herzklopfen
- Engegefühl in der Brust
- Atembeschwerden
- Beschleunigter Puls
- Erhöhter Blutdruck

- Muskelverspannungen
- Rückenschmerzen
- Kopfschmerzen
- Nervöse Tics
- Verdauungsstörungen
- Übelkeit
- Magen-, Darmgeschwüre
- Gewichtsveränderungen
- Veränderungen der Essgewohnheiten
- Mehr Alkohol/Kaffee/Tabak/andere Drogen

7. Verzweiflung

Negative Einstellung zum Leben
- Hoffnungslosigkeit
- Gefühl der Sinnlosigkeit

- Existenzielle Verzweiflung
- Selbstmordabsichten

Insgesamt konnten mehr als 130 Symptome festgehalten werden. Nicht in jedem Burnout-Fall treten jedoch alle Symptome in Erscheinung. Vor allem in der älteren Burnout Literatur wurde zu Beginn eines Burnout-Prozesses stets ein Überengagement gesehen. «Wer ausbrennt, muss einmal gebrannt haben.» Da neuere Untersuchungen, insbesondere eine von Burisch selbst, dieses Kriterium nicht bestätigen konnten, empfiehlt es sich, neutraler von überhöhtem Engagement zu sprechen. Wann dies der Fall ist, lässt sich erst im Nachhinein beurteilen. Stehen Einsatz und Ergebnis nicht in einem deutlichen Missverhältnis, ist es möglich, dass ein erhöhtes Engagement lange aufrechterhalten wird. In einem zweiten Schritt folgt auf den erhöhten Einsatz der emotionale, kognitive und verhaltensmäßige Rückzug. Parallel dazu entwickelt sich ein ausgeprägter Überdruss an der Arbeit. Es folgen Desillusionierung und Schuldzuweisung. Je nach Form der Ursachenzuschreibung (internal oder external) folgt depressives oder aggressives Verhalten. Werden die Ursachen der Probleme in erster Linie in sich selbst gesehen, so wird überwiegend depressiv reagiert. Während es sich bei der Depression im klinischen Sinne um einen umfassenden Zustand handelt, wird Depression als Burnout-Symptom zumindest anfangs als speziell im Arbeitskontext auftretend gesehen. Die Abgrenzung macht jedoch deutliche Schwierigkeiten. Auch Körner (2003) betrachtet Burnout und Depression als einander sehr nahestehende Konstrukte, die sich jedoch im Hinblick auf Entstehung, Intensität oder Globalität voneinander trennen lassen. Unter Bezugnahme auf Gamsjäger (1994) sind die depressiven Anteile beim Ausbrennen von der endogenen Depression durch ihre externe Entstehung (psychosoziale Kontakte), ihrer Eingrenzung auf den Lebensbereich der Arbeitstätigkeit und durch die geringere Intensität der Symptome von der Depression zu unterscheiden. Eine klare Trennung der parallelen Symptome wie Motivationsverlust, Apathie, Interessensverlust, Gefühl abnehmender Kompetenzen, geringeres Selbstwertgefühl gestaltet sich jedoch auch nach Körner schwierig. Im Endstadium enthält Burnout bereits eine Vielzahl pathogener Symptome. Der entscheidende Abgrenzungsfaktor bleibt bei der Mehrheit der Autoren und Autorinnen die angenommene berufsspezifische Komponente: Burnout ist ein typisches Phänomen von Humandienstleistungsberufe, die von zwischenmenschlichen Kontakten geprägt sind. In Wechselwirkung mit aggressivem Verhalten oder Verhaltensweisen, die auf Depressionen schließen lassen, kommt es anschließend auch zu Leistungsabfällen bzw. zu einem kognitiven Abbau. In Fortführung dieser Symptome kann sich eine emotionale, soziale und geistige «Verfla-

chung» einstellen. Parallel dazu können vielfältige psychosomatische Reaktionen in Erscheinung treten. Als terminales Burn-
out-Stadium ist schließlich die Verzweiflung zu nennen.

Eine vergleichbare Liste wurde auch von Schaufeli/Enzmann
(1998, 21–24) vorgelegt. Hier werden drei Ebenen unterschie-
den: Symptome auf der individuellen, auf der interpersonellen
und der institutionellen Ebene. Für jede dieser drei Ebenen werden fünf Symptombereiche definiert: affektive Symptome, kognitive Symptome, physische Symptome, Verhaltenssymptome,
Motivationssymptome. Sowohl Burisch (2006) als auch Schau-
feli/Enzmann (1998) beklagen die Vagheit dieser Merkmale.
Darüber hinaus ist keines der Burnout-Symptome spezifisch.
Schließlich enthalten die Listen sowohl Symptome als auch Ursachen und Folgeerscheinungen. So demonstrieren sie zwar, was
mit Burnout gemeint ist, können jedoch keine Basis für Theorie-
bildung und Forschung sein.

6. Erklärungsmodelle:
Persönlichkeit, Arbeitsplatz, Gesellschaft

In der umfangreichen Burnout-Literatur besteht Uneinigkeit über die Ursachen des Burnout: Liegt die Schuld beim Arbeitgeber oder beim Arbeitnehmer? In der Umwelt oder in der Persönlichkeit des Betroffenen? Bei Burnout-Genese-Modellen lassen sich drei grundsätzliche Richtungen unterscheiden (Kleiber/Enzmann 1990; Körner 2003):

1. differenzialpsychologische, individuenzentrierte Ansätze
2. arbeits- und organisationspsychologische Ansätze
3. soziologisch-sozialwissenschaftliche Ansätze

Differenzialpsychologische, individuenzentrierte Ansätze

Individuenzentrierte Ansätze betrachten Burnout primär unter persönlichkeitsspezifischen Aspekten. Umweltbedingte Faktoren bleiben dahingegen weitgehend unbeachtet. Mit Sicherheit kann die Persönlichkeit einen berechtigten Einfluss auf die Burnout-Entwicklung nehmen. Allerdings liefert dieser ausschließliche Blickwinkel eine zu einseitige Erklärung für das Syndrom. Als Vertreter eines individuenzentrierten Ansatzes sind Freudenberger (1974) oder Schmidbauer (1977) zu nennen. Freudenberger sieht in der übertriebenen Helfermotivation des Betroffenen den Grund für die Burnout-Entwicklung. Schmidbauer (ebd.) nimmt eher psychoanalytische Ursachen an. Hervorzuheben ist, dass der von Schmidbauer geprägte Begriff des «Helfersyndroms» seit den 1970er-Jahren eine weite Verbreitung und Eingang in die Alltagssprache erfahren hat. Im Detail: Als prägende Erfahrung des Helfertyps sieht Schmidbauer eine ungenügende Bedürfnisbefriedigung in der frühen Kindheit. Das Motiv, Hilfe empfangen zu wollen, veranlasst den Helfer, Hilfe zu geben als «erkaufte Liebe». Warum ist diese skizzierte Persönlichkeitsstruktur so anfällig für Burnout? Zum einen ist das Bedürfnis nach Zuwendung so hoch, dass es kaum gesättigt werden kann. Zum anderen ist die Zuwendung immer dann gefährdet, wenn Hilfe erfolgreich ist und die Hilfsbedürftigkeit abnimmt. Die skizzierte Dynamik wird aber von der Helferpersönlichkeit geleugnet, beim Hilfebedürftigen werden die Bedürfnisse ernst genommen, bei sich selbst aber nicht akzeptiert.

Zwar hat der Begriff des «Helfersyndroms» helfenden Berufen zwanghafte Formen des «Helfenmüssens» vor Augen geführt, aber auch einen Berufsstand diskreditiert. Sowohl Burisch (2006, 207) als auch Fengler (2001, 37) kritisieren das Fehlen empirischer Befunde für die Thesen von Schmidbauer zum Helfersyndrom.

Körner fasst mögliche individuelle Bedingungsfaktoren für die Entstehung von Burnout zusammen (Körner 2003, 54; modifiziert):

Berufsbezogene Motivation, Handlungsziele und Einstellungen:
* relativ starke Betonung der Beziehungsebene
* Überidentifikation mit den Klienten
* hohe soziale Motivation
* Idealismus, Enthusiasmus, Engagement
* Verantwortungsbewusstsein
* Perfektionismusstreben
* Opferbereitschaft
* finale Berufsorientierung, d. h. Berufswahl um des Helfens willen, geringe instrumentelle (pragmatisch-existenzielle) Berufsorientierung

Persönlichkeitsmerkmale:
* externale Kontrollüberzeugungen (kognitive Tendenz, positive oder negative Ereignisse nicht als Ergebnis des eigenen Handelns wahrzunehmen)
* Empathie
* passive, indirekte bzw. defensive Bewältigungsstile
* subjektive Stress-, Belastungstoleranz

- Angstniveau
- Aggressivität
- Verhaltenstyp: Workaholic
- emotionale Labilität
- geringes Selbstbewusstsein

Demografische Merkmale (unklarer Einfluss):
- Geschlecht
- Alter
- Familienstand

Arbeits- und organisationspsychologische Ansätze

Diese Ansätze sind sehr vielschichtig, da hier eine Vielfalt von Merkmalen potenziell als burnout-relevant angesehen werden kann. Sehr häufig ist die Bezugnahme auf das bereits dargestellte Stressmodell von Lazarus, nach dem Arbeitsstress aus dem Ungleichgewicht zwischen externen Anforderungen und individuellen Ressourcen der Bewältigung entsteht. Als Vertreter können Maslach und Burisch gelten. Zentrale arbeits- und organisationsbezogene Einflussfaktoren sind (Körner 2003, 55, modifiziert):
- eingeschränkter Tätigkeits- und Handlungsspielraum
- Mangel an sozialer Unterstützung
- Übermaß an Verantwortlichkeit
- Rollenkonflikte und Rollenambiguität
- unmotivierte, aggressive bzw. problembeladene Klientel
- Organisationsgröße und Arbeitsstrukturen, z. B. Anonymität und mangelnde Transparenz in großen Institutionen
- mangelnde Zielsicherheit und Transparenz
- mangelndes Feedback sowohl seitens der Klienten als auch seitens der Organisation
- Mangel an Einflussmöglichkeiten auf das Arbeitsergebnis
- psychische Belastung bzw. Überlastung durch Faktoren wie Arbeitszeit, Frustrationen, problematische Interaktionen, sich wiederholende belastende Inhalte der sozialen Arbeit
- Unterforderung, Eintönigkeit der Arbeit
- geringe Aufstiegsmöglichkeiten

Soziologisch-sozialwissenschaftliche Ansätze

Hier finden gesellschaftliche Komponenten bei der Burnout-Entstehung spezielle Beachtung. Zu nennen sind beispielsweise gestiegene Erwartungen an die Flexibilität und die Mobilität der Mitarbeiter, zunehmende gesellschaftliche Vereinsamung, Isolation und Anonymität sowie geänderte Kommunikationsformen. Ein Autor, der diesen Ansatz vertritt, ist beispielsweise Freudenberger. Zusammenfassend können unter burnout-begünstigenden Faktoren folgende Merkmale bedeutsam sein (Körner 2003, 56; modifiziert):

- Zunahme an allgemeiner Hektik und Stress
- fortschreitende berufliche Spezialisierung sowie stetig steigende Ansprüche
- allgemeiner Wertewandel und Wertepluralismus
- mangelnde Unterstützung im privaten Bereich
- finanzielle und personelle Kürzungen bzw. Rationalisierungsmaßnahmen im Sozialbereich
- relativ schlechtes Image der psychosozial-pädagogischen Berufe in der Öffentlichkeit

Insgesamt ermöglichen die Burnout-Erklärungsmodelle den Schluss, dass Burnout relativ eng mit arbeitsbezogenem Stress im Kontext der psychosozialen oder pädagogischen Berufe sowie mit dem Ausmaß beruflicher Zufriedenheit in Zusammenhang zu bringen ist. Monokausale Ansätze vermögen der Komplexität des Phänomens und der einflussnehmenden Faktoren offenbar nicht gerecht zu werden. Eine stärkere Vernetzung der unterschiedlichen Perspektiven ist als sinnvoll zu erachten. Als Fazit an dieser Stelle bleibt: Burnout ist ein Zusammenspiel aus Persönlichkeitsmerkmalen und gefährdender Umwelt; eine «Nichtpassung der Person mit ihrer Umwelt».

7. Messinstrumente:
Qual der Wahl

Viele der frühen Burnout-Publikationen des amerikanischen Sprachraumes enthielten Fragebögen oder Checklisten zur Messung von Burnout. Zusammenstellungen und Analysen finden sich bei Rösing (2003, 69–75), bei Burisch (2006, 34–39) und bei Hillert/Marwitz (2006, 82–128).

Durchgesetzt haben sich lediglich zwei Instrumente, die nachfolgend näher erläutert werden sollen: das Maslach Burnout Inventory (Maslach/Jackson 1981; Maslach/Jackson/Leiter 1996) und das Tedium Measure (Pines et al. 2006). Bis zum heutigen Zeitpunkt liegt geschätzten 90 % der empirischen Burnout-Forschung das Maslach Burnout Inventory zugrunde. Das Forschungsinteresse von Christina Maslach und ihrer Mitarbeiterin Susan Jackson galt der Frage, welche psychologischen Mechanismen Individuen einsetzen, um intensive emotionale Belastungen zu bewältigen, denen sie im Rahmen ihrer Arbeit täglich ausgesetzt sind. Das Maslach Burnout Inventory (MBI) besteht in seiner ursprünglichen Version aus 22 Items, gegliedert in nachfolgende drei Skalen:

- Emotionale Erschöpfung (Emotional Exhaustion, EE), neun Items
- Depersonalisation (DP), fünf Items
- Persönliche Leistungsfähigkeit (Personal Accomplishment, PA), acht Items

Gemäß dem MBI ist eine Person desto stärker von Burnout betroffen, je höher die Werte in den Skalen emotionale Erschöpfung und Depersonalisierung und je niedriger die Werte in der Skala persönliche Leistungsfähigkeit, deren Items positiv formuliert wurden, ausfallen. Hohe Werte werden von Personen erreicht, die sich als leistungsfähig empfinden; niedrige Werte erhalten Personen, die sich wenig leistungsfähig fühlen. Die Originalversion des MBI bestand ursprünglich aus sechs Subskalen, da jedes Item sowohl nach Intensität als auch nach Häufigkeit zu beantworten war. Die Intensitätsskalen wurden jedoch in der zweiten Auflage (1986) zugunsten eines einzigen Häufigkeitsformats (von nie bis täglich) fallen gelassen. Die dritte Auflage (Maslach/Jackson/Leiter 1996) enthielt weitere Neuerungen: eine Variante, die sich speziell auf den sozialen und Dienstleistungsbereich ausrichtete, MBI-HSS (Human Services Survey); eine Variante für den Bildungsbereich, MBI-ES (Education Survey); eine Variante für Berufe, die nicht so sehr auf Menschen orientiert sind, MBI-GS (General Survey). Das MBI-HSS (Human Services Survey) liegt in verschiedenen Übersetzungen vor. Die nachfolgende Version von Büssing/Perrar (1992, 336–337), die hier wiedergegeben wird, ist die einzige Fassung, die Christina Maslach selbst autorisiert hat. Jede der nachfolgenden Fragen ist mit einem Kreuz auf einer Fünf-Punkte-Skala zwischen sehr stark/sehr oft auf der einen und sehr schwach/sehr selten auf der anderen Seite zu beantworten.

1. Ich fühle mich durch meine Arbeit ausgebrannt.
2. Der direkte Kontakt mit Menschen bei meiner Arbeit belastet mich zu stark.
3. Den ganzen Tag mit Menschen zu arbeiten, ist für mich wirklich anstrengend.
4. Ich fühle mich von den Problemen meiner Patienten persönlich betroffen.
5. Ich glaube, dass ich manche Patienten so behandle, als wären sie unpersönliche «Objekte».
6. Ich fühle mich durch meine Arbeit emotional erschöpft.
7. Ich habe das Gefühl, dass ich durch meine Arbeit das Leben anderer Menschen positiv beeinflusse.
8. Ich bin in guter Stimmung, wenn ich intensiv mit meinen Patienten gearbeitet habe.
9. Ich glaube, dass ich nicht mehr weiterweiß.
10. Bei der Arbeit gehe ich mit emotionalen Problemen ziemlich gelassen um.

11. Ich habe ein unbehagliches Gefühl wegen der Art und Weise, wie ich manche Patienten behandelt habe.

12. Am Ende eines Arbeitstages fühle ich mich verbraucht.

13. Es ist leicht für mich, eine entspannte Atmosphäre mit meinen Patienten herzustellen.

14. Ich fühle mich wieder müde, wenn ich morgens aufstehe und den nächsten Arbeitstag vor mir habe.

15. In vieler Hinsicht fühle ich mich ähnlich wie meine Patienten.

16. Ich fühle mich sehr tatkräftig.

17. Ich gehe ziemlich erfolgreich mit den Problemen meiner Patienten um.

18. Ich habe das Gefühl, dass ich an meinem Arbeitsplatz zu hart arbeite.

19. Ich fühle mich durch meine Arbeit frustriert.

20. Ich habe das Gefühl, dass Patienten mir die Schuld für einige ihrer Probleme geben.

21. Ich habe in meiner Arbeit viele lohnenswerte Dinge erreicht.

22. Ich befürchte, dass diese Arbeit mich emotional verhärtet.

23. Es fällt mir leicht, mich in meine Patienten hineinzuversetzen.

24. Es macht mir nicht wirklich viel aus, was mit manchen Patienten passiert.

25. Seitdem ich diese Arbeit ausübe, bin ich gefühlloser im Umgang mit anderen Menschen geworden.

(Quelle: Deutsche Fassung MBI-D nach Büssung/Perrar 1992, 336–337)

Im Gegensatz zur englischen Fassung sind in dieser Version noch die drei Items der Skala Involviertheit enthalten, sodass der Fragebogen insgesamt 25 Items umfasst. In englischsprachigen Veröffentlichungen fand diese Skala kaum Erwähnung und blieb auch in der zweiten Version des MBI (Maslach/Jackson 1986) unberücksichtigt.

Das Maslach Burnout Inventory hat vielfältige Kritik erfahren (vgl. insbesondere die kritische Analyse von Rook 1998).

Einerseits ist festzuhalten, dass die Veröffentlichung des MBI sich überaus anregend auf die gesamte empirische Burnout-Forschung auswirkte. Die Diagnostik erlangte innerhalb weniger Jahre eine ausgeprägte Monopolstellung zur Messung von Burnout. Fatal ist jedoch, dass das Diagnostikum keine ausreichende Validität oder Gültigkeit besitzt. So kann Burnout, gemessen durch das MBI, nicht valide von verwandten Konzepten wie Depression und Arbeitszufriedenheit abgegrenzt werden.

Das Tedium-Measure (TM) (Pines et al. 2006, 50), d. h. die «Überdrussskala», ist ein Satz von 21 Items, die nur hinsichtlich ihrer Häufigkeit zu beantworten sind. Von ihrer Berufsbiografie her betrachtet, waren sowohl Christina Maslach als auch Ayala Pines sozialpsychologisch ausgerichtet und gehörten sogar über einen längeren Zeitraum derselben Arbeitsgruppe an. Genau betrachtet stellt das TM das Konkurrenzprodukt zum MBI dar, wobei in der theoretischen Ausrichtung deutliche Gemeinsamkeiten vorhanden sind. Die wesentlichen Komponenten von Burnout sind körperliche, emotionale und geistige Erschöpfung. Im Folgenden wird die deutsche Fassung des TM (Pines et al. 2006, 49–50) wiedergegeben. Die einzelnen Items sind in einer Skala von 1–7 (niemals/immer) wie folgt anzukreuzen:

Bitte beantworten Sie nach der folgenden Skala, ob Sie

1. müde sind,
2. sich niedergeschlagen fühlen,
3. einen guten Tag haben,
4. körperlich erschöpft sind,
5. emotional erschöpft sind,
6. glücklich sind,
7. «erledigt» sind,
8. «ausgebrannt» sind,
9. unglücklich sind,
10. sich abgearbeitet fühlen,
11. sich befangen fühlen,
12. sich wertlos fühlen,
13. überdrüssig sein,

14. bekümmert sind,
15. über andere verärgert oder enttäuscht sind,
16. sich schwach und hilflos fühlen,
17. sich hoffnungslos fühlen,
18. sich zurückgewiesen fühlen,
19. sich optimistisch fühlen,
20. sich tatkräftig fühlen,
21. Angst haben.

(Quelle: Ayala M. Pines, Elliot Aronson, Ditsa Kafry, aus dem Amerikanischen von Agnes von Cranach © 1981, Ayala M. Pines, Elliot Aronson, Ditsa Kafry, Klett-Cotta, Stuttgart 2006)

Hillert/Marwitz (2006, 93–100) nehmen eine kritische Bewertung des Verfahrens vor. Da die mitgeteilten Normwerte nicht an einer repräsentativen Stichprobe erhoben wurden, sind die Ergebnisse nicht interpretierbar. Da es sich bei dem Tedium Measure neben dem Maslach Burnout Inventory um den am weitesten verbreiteten Test zur Messung von Burnout handelt, ist dies ein sehr ernüchterndes Resümee. Der Vorteil dieses Verfahrens liegt eindeutig in seiner Ökonomie. Es lässt sich im Sinne einer Selbstdiagnose schnell durchführen und selbst auswerten. Der wissenschaftliche Wert der Diagnostik bleibt jedoch weit hinter seiner Popularität zurück.

Das aktuelle Diagnostikum AVEM (Arbeitsbezogenes Verhaltens- und Erlebnismuster, Schaarschmidt 2005, Schaarschmidt und Kieschke 2007) des deutschsprachigen Raumes zeigt den Perspektivwechsel von der Erfassung subjektiv erlebter Belastung, sprich Burnout, hin zur wissenschaftlichen Erhellung von erfolgreichen Bewältigungsformen. Das in der Potsdamer Lehrerstudie entwickelte Diagnostikum besteht aus elf Skalen zu je sechs Items. Folgende Dimensionen werden berücksichtigt:
1. subjektive Bedeutsamkeit der Arbeit
2. beruflicher Ehrgeiz
3. Verausgabungsbereitschaft
4. Perspektivstreben
5. Distanzierungsfähigkeit

6. Resignationstendenz bei Misserfolg
7. offensive Problembewältigung
8. innere Ruhe und Ausgeglichenheit
9. Erfolgserleben im Beruf
10. Lebenszufriedenheit
11. Erleben sozialer Unterstützung

Die elf Dimensionen wiederum lassen sich drei Inhaltsbereichen zuordnen: Arbeitsengagement, erlebte Widerstandskraft gegenüber Belastungen sowie Emotionen. Die Testgütekriterien ergeben im Gegensatz zu den anderen Verfahren durchweg positive Ergebnisse (vgl. die Bewertung von Burisch 2006, 38). Ein Spezifikum dieses Verfahrens: Es ermöglicht die Zuordnung eines Individuums zu vier «Typen» der Stressbewältigung.

- Muster G: hohes berufliches Engagement, ausgeprägte Widerstandsfähigkeit gegenüber Belastungen, positives Lebensgefühl (Gesundheitsideal)
- Muster S: ausgeprägte Schonungstendenz gegenüber beruflichen Anforderungen
- Risikomuster A: überhöhtes Engagement, Selbstüberforderung, das keine gleichermaßen hohe Entsprechung im Lebensgefühl findet; verminderte Widerstandsfähigkeit gegenüber Belastungen
- Risikomuster B: reduziertes Arbeitsengagement, das mit verminderter Belastbarkeit und negativem Lebensgefühl einhergeht und am stärksten mit Burnout assoziiert wird.

Das Muster S zeigt eine «freizeitorientierte Schonhaltung», die Muster A und B sind deutlich burnout-relevant. Einen ausführlichen Überblick über weitere, weniger populäre Messinstrumente geben Schaufeli/Enzmann (1998, 66).

8. Forschungsergebnisse: Ernüchternde Bilanz

Kritische Analysen zur nationalen und internationalen Forschungsliteratur lieferten Schaufeli und Enzmann (1998) in ihrem Buch «The Burnout companion to study and practice» und Rösing (2003) mit ihrer Fundamentalkritik «Ist die Burnout-Forschung ausgebrannt?».

Gleich vorab: Die Bilanz der genannten Autoren und der Autorin sind desillusionierend negativ! Warum haben 30 Jahre Burnout-Forschung so wenige Erkenntnisse hervorgebracht? Dennoch: Betrachten wir die Forschungsliteratur zunächst systematisch. Wenn wir noch einmal zurückschauen, so wurde der Beginn der Burnout-Forschung in den 1980er-Jahren in den USA und in den 1990er-Jahren in Deutschland durch das Maslach Burnout Inventory geprägt mit den Dimensionen emotionale Erschöpfung, Dehumanisierung und eigene Leistungsfähigkeit, welche Christina Maslach in ihrer frühen Forschung bei helfenden Berufen für Burnout als zentral erkannt hatte. Mit der Einführung dieses Verfahrens wurde in erheblichem Umfang Burnout-Forschung betrieben. Im Rückblick lässt sich hier, ungeachtet der überwältigenden Zahl von vorwiegend unzusammenhängenden Einzelstudien, ein «roter Faden» in der Burnout-Forschung erkennen. Der nachfolgenden Übersicht über die Burnout-Forschung liegt folgende Systematik zugrunde: demografische Variablen, Persönlichkeitsvariablen sowie Arbeitsplatzmerkmale.

Demografische Variablen: Die bedeutsamste demografische Variable ist das Alter. Es korreliert relativ einheitlich eher negativ mit Burnout. Dies bedeutet: Ältere Arbeitnehmer und Arbeitnehmerinnen sind eher weniger von Burnout betroffen. Ebenso bildet auch Arbeitserfahrung bzw. Länge der Arbeitstätigkeit innerhalb eines Berufes einen eher negativen Zusammenhang mit Burnout. Andererseits zeigte eine Längsschnittstudie von Cherniss (1980), dass nach zwölf Jahren nur noch 32% der in den 1970er-Jahren befragten Berufsanfänger einer sozialen Institution direkt mit Klienten arbeiteten. Dieses Ergebnis lässt sich dahingehend interpretieren: Wenn Burnout-Forschung bei älteren arbeitenden Menschen betrieben wird, so sind möglicherweise diejenigen, die am meisten betroffen sind, bereits aus dem Arbeitsprozess ausgeschieden. Dennoch bleibt die Variable Alter die einflussreichste unter den demografischen Faktoren. Für die Variable Geschlecht lassen sich sowohl Studien zitieren, wonach Frauen burnout-anfälliger sind, als auch solche, in denen Männer eine höhere Burnout-Anfälligkeit aufweisen.

Persönlichkeitsvariablen: Gegenstand vielfältiger Untersuchungen ist der Zusammenhang verschiedener Persönlichkeitsvariablen mit Burnout. Gefragt wird nach den besonderen Eigenschaften burnout-anfälliger bzw. burnout-resistenter Menschen. Nach einer Synopse der internationalen Literatur von Rösing (2003, 96–99) ergibt sich folgendes Gesamtbild von Burnout und Persönlichkeitsmerkmalen:
- allgemeine Gereiztheit, Ärgerneigung, negative Affektivität
- Zimperlichkeit bei der Risikowahrnehmung
- Ängstlichkeit und Unzufriedenheit
- eher niedrige emotionale Intelligenz
- Angstneigung als allgemeines Merkmal
- Neurotizismus und Konkurrenzangst
- schwaches Selbstvertrauen
- ein negativer Problemlosungsstil
- eine selbstherabsetzende Haltung
- geringe Stabilität und viel Angst

Zusammenfassend lässt sich der Persönlichkeitstyp als emotional vermeidend sowie ausweichend im Umgang mit Belastung charakterisieren, im Gegensatz zu einem problemorientierten, aktiven Zugang.

Arbeitsbezogene Variablen: Hier zeigen sich einige relativ klare positive Zusammenhänge: Zeitdruck, hohe Arbeitsbelastung und Rollenkonflikt korrelieren positiv mit der MBI-Dimension der emotionalen Belastung. Andererseits zeigt eine Metaanalyse von Schaufeli/Enzmann (1998), dass die Annahme, Burnout stehe speziell mit emotional belastenden Patienteninteraktionen im Zusammenhang, zurückzuweisen ist.

Die widersprüchlichen Ergebnisse der Burnout-Forschung lassen sich auf der Basis des Maslach Burnout Inventory und bezogen auf die Berufsgruppe der Lehrer und Lehrerinnen an Tabelle 4 visualisieren.

Die empirischen Befunde auf der Basis des Maslach Burnout Inventory führten, wie deutlich sichtbar, keineswegs zu einer einheitlichen Erkenntnislage bezüglich der Verursachungsfaktoren von Burnout. Die gesamte Burnout-Forschung vor Augen, lässt sich bilanzieren: Offensichtlich erwächst Burnout aus einem komplizierten Geflecht von Bedingungen, die miteinander interagieren: demografische Variablen, persönlichkeitsspezifische Variablen, Arbeitsplatzvariablen. Eine einfache Eins-zu-eins-Beziehung zwischen «Außenwelt» und «Innenwelt» scheint es nicht zu geben!

Zur kritischen Beurteilung der Burnout-Forschung sollen an dieser Stelle abschließend renommierte Fachstimmen zu Wort kommen. Betrachten wir zunächst Rösing (2003, 95):

> «Klarheit bietet diese Forschung jedenfalls nicht. Zwar scheint ein Zusammenhang zwischen mehr Berufserfahrung und/oder höherem Alter auf der einen Seite und weniger Burnout auf der anderen ein durchaus reproduzierbares Ergebnis zu sein (...), aber manchmal sieht das Ergebnis auch gerade umgekehrt aus (...). Dass in Bezug auf Burnout Geschlechtsunterschiede vorkommen, ist zwar mittlerweile bekannt. Dies ist das (höchst dünne) zusammenfassende Ergebnis, welches man angeben kann.»

Obwohl der Kernkritikpunkt der Burnout-Forschung in dem weitgehenden Vorherrschen von Querschnittstudien gesehen wird, kommen Schaufeli/Enzmann (1998, 93 ff.) bei der Auswertung von Längsschnittstudien auch nicht zu positiveren Ergebnissen.

Tabelle 4: Ergebnisse der Burnout-Forschung bezogen auf die Berufsgruppe der Lehrkräfte (Körner 2003, 99–101; modifiziert)

Autoren/ Erscheinungsjahr	Ergebnisse getesteter Zusammenhänge zwischen Burnout und unabhängigen Merkmalen
	Personenbezogene demografische Merkmale: Geschlecht
Barth (1997)	Kein signifikanter Zusammenhang
Hedderich (1997)	Kein signifikanter Zusammenhang
	Demografische Merkmale (Familienstand, Beruf des Partners, Kinder, Freizeit etc.)
Barth (1997)	Keine signifikanten Zusammenhänge für sämtliche Burnout-Maße und Familienstand, Beruf des Partners oder der Kinder
Lechner et al. (1995)	Kein Zusammenhang zwischen Familienstand, Kinderzahl und Burnout
	Persönlichkeitsmerkmale, Einstellungen, Deutungs-prozesse, Bewältigungsstile, berufsbezogene Einstel-lungen, Erwartungen, Rollen-/Erziehungsziele
Barth (1997)	Keine bedeutsamen Zusammenhänge zwischen Burnout und berufsbezogenen Einstellungen; schwache positive Korrelation zwischen «Berufung» im Sinne von Idealismus und Burnout
	Situative Bedingungen der Arbeitstätigkeit und der Arbeitsumgebung, Arbeitszeit
Barth (1997)	Kein Zusammenhang zwischen Arbeitszeitbelastung und Burnout
Hedderich (1997)	Vollzeitbeschäftigte geben eine eingeschränktere Leistungs-fähigkeit an als teilzeitbeschäftigte Sonderschullehrer; umgekehrter Zusammenhang bei vollzeit- bzw. teilzeitbe-schäftigten Hauptschullehrern
	Objektive Arbeitsplatzmerkmale wie Schulgröße, Schulform, Klassenstufe
Barth (1997)	Kein Zusammenhang zwischen Schulart, Standortgröße, Stadt/Land, Klassenstufe oder Schulgröße und Burnout
Hedderich (1997)	Deutlich niedrigere Ausprägungen auf allen drei Burnout-Dimensionen bei Sonderschullehrern im Vergleich zu Hauptschullehrern
Lechner et al. (1995)	Kein Zusammenhang zwischen Standortgröße und Burnout

«Die 8 besten Längsschnittstudien zu den Wirkungen von Arbeitsanforderungen auf Burnout konnten die Ergebnisse von Querschnittstudien nicht bestätigen, wenn der Einfluss des Burnout-Grades zum ersten Messzeitpunkt kontrolliert wurde. Die Längsschnitt-Effekte waren entweder sehr schwach oder insignifikant (…) oder aber, entgegen der Erwartungsrichtung und trotz positiver Querschnittskorrelationen, schienen Anforderungen negativ mit Burnout zu korrelieren (…)»

Letztendlich zieht auch Burisch (2006, 227) ein sehr düsteres Resümee:

«Wir wissen tatsächlich nichts Verlässliches über Burnout. Im Grunde sind sich hier eigentlich alle einig, die sich dem Thema auch im übergreifenden Sinne verpflichtet fühlen und den Blick über den Tellerrand eigener Projekte wagen.»

Andererseits herrscht unter den prominenten Stimmen aber auch Einigkeit, dass es neben der ungebrochenen Anwendung des MBI als Messinstrument in den letzten Jahren auch inhaltliche und theoretische Fortschritte in der Burnout-Forschung gab.

Das nächste Kapitel wendet sich speziell der Berufsgruppe der Lehrkräfte zu. Anschließend werden wir Innovationen der Forschung betrachten.

9. Im Fokus:
Burnout im Lehrerberuf

Lehrer und Lehrerinnen werden als die «kollektiv Ausgebrannten» (Die Zeit 2006) bezeichnet, der Arbeitsplatz Schule
als «Horrortrip» (Hinrichs et al. 2003) gesehen. Seit der Potsdamer Lehrerstudie gilt es auch als wissenschaftlich belegt, dass
sich kein anderer Beruf mit «vergleichbar kritischen Beanspru-
chungsverhältnissen» (Schaarschmidt 2005, 15) finden lässt.
Grund genug, dem Arbeitsplatz Schule ein eigenes Kapitel zu
widmen. Warum diese Tätigkeit so belastend ist, lässt sich an-
nähernd durch die vielfältigen Aufgaben vergegenwärtigen. Die
von der Kultusministerkonferenz (KMK 2000) herausgegebene
Aufgabenbenennung enthält folgende Auflistung:

Unterrichten: Planung, Organisation, Durchführung und Auswertung von fachbezogenen und fachübergreifenden Lehr-
   Lern-Prozessen, Beachtung der Lehrpläne, Berücksichtigung
   der besonderen Lernausgangslagen der Schüler und Schülerinnen, Unterstützung selbstständigen Lernens.
Erziehen: Einübungen von Regelbewusstein zur Teilhabe am
   Unterricht, Förderung von Selbstvertrauen, Förderung des
   sozialen Miteinander.
Beurteilen: Diagnose von Lernständen, Lernschwierigkeiten
   und Lernmöglichkeiten, Dokumentation der Schülerleistungen, Entwicklung von Fördermaßnahmen, Zusammenarbeit
   mit außerschulischen Einrichtungen.
Beraten: Schüler und Eltern bei Lernschwierigkeiten und Lauf-
   bahnentscheidungen, bei individuell-biografischen Problemen, Zusammenarbeit mit außerschulischen Einrichtungen.
Weiterentwicklung der eigenen Kompetenzen: In den Bereichen Fach-, fachdidaktisch- und schulpädagogischen Wissen
   und Können, Zusammenarbeit innerhalb des Kollegiums,

Vorbeugung gegen Überlastung, Entwicklung von Bewältigungsstrategien.
Weiterentwicklung der eigenen Schule: Mitarbeit an Prozessen der Unterrichts- und Schulentwicklung, Kooperation mit
Institutionen der Lehrerbildung, Formen der internen Quali-
tätskontrolle (in Anlehnung an KMK 2000).

Innerhalb dieser vielschichtigen Tätigkeitsfelder können eine
Vielzahl von Belastungsquellen benannt werden: Unterricht
mit unmotivierten Schülern, Aufrechterhalten der Disziplin,
Zeitdruck und Arbeitsumfang, Umgang mit Veränderungen,
von anderen evaluiert zu werden, Umgang mit Kollegen,
Selbstwertgefühl und Status, Verwaltung und Management,
Rollenkonflikt und Ambiguität, schlechte Arbeitsbedingungen
(Kyriacou 2001, zit. n. Krause/Dorsemagen 2007a, 53). Wie
die Aufzählung verdeutlicht, werden Lehrer und Lehrerinnen
auf sehr unterschiedlichen Ebenen beansprucht. Krause/Dor-
semagen (2007a, 55–58) beschreiben diese Ebenen als Paradigmen, die sie als Grundlage der unterschiedlichen Argumen-
tationsmuster innerhalb der Lehrerbelastungsforschung aus-
machen.

Paradigma 1: Gesellschaftliche Veränderungen
Forschungsarbeiten innerhalb dieses Paradigmas weisen auf generelle gesellschaftliche Veränderungen im Lehrerberuf hin, die
insbesondere in einem zunehmenden Autoritätsverlust und fehlender Wertschätzung gesehen werden. Besondere Aufmerksamkeit gewinnt darüber hinaus der Medienkonsum von Kindern
und Jugendlichen.

Paradigma 2: Generelle Merkmale des Lehrerberufs
Vertreter des zweiten Paradigmas fokussieren berufliche Gratifi-
kationskrisen, die entstehen, wenn Anforderung und Belohnung
aus der Balance geraten sind. Sie treten insbesondere bei Berufsgruppen auf, die für hohes Engagement im sozialen Bereich nur
sehr selten belohnt werden, wie dies im Lehrerberuf der Fall ist.

Paradigma 3: Arbeitssituation an einem Schultyp
Es wird die Auffassung vertreten, dass die Arbeitssituation eines bestimmten Typs von Schulen als wesentlicher Einflussfaktor des Belastungsniveaus von Lehrkräften anzusehen ist. Beispielhaft kann die erschwerte Situation an Hauptschulen (Rütli-Schule) genannt werden, die durch ein schwieriges soziales Umfeld geprägt werden. Darüber hinaus ist der unterschiedliche Rechtsrahmen der einzelnen Bundesländer zu nennen. Ganz konkret unterscheiden sich Bundesländer beispielsweise darin, inwieweit sie ihren Lehrkräften Möglichkeit zur Altersteilzeit bieten.

Paradigma 4: Arbeitssituation an der einzelnen Schule
Vertreter des 4. Paradigmas sehen in divergierenden Arbeitssituationen innerhalb eines Schultyps wesentliche Verursachungsfaktoren von Belastungssituationen. Dies bezieht sich insbesondere auf Merkmale, die das soziale Miteinander betreffen, wie beispielsweise Unterrichtsstörungen, Konflikte im Kollegium oder Wertschätzung der geleisteten Arbeit.

Paradigma 5: Bedeutung der Persönlichkeit
Bei diesen Forschungsstudien werden Merkmale der Persönlichkeit von Lehrkräften ins Zentrum gestellt. Angenommen wird, dass identische Belastungen zu unterschiedlichen Beanspruchungen bei Lehrern und Lehrerinnen führen können. Für diese Unterschiede werden Persönlichkeitsmerkmale und zeitlich stabile, individuelle Bewältigungsstrategien zur Verantwortung gezogen.

Forschungsstudien konnten für alle fünf Paradigmen Belege finden. Aufgrund der Unterschiedlichkeit der Forschungsschwerpunkte ist ein Vergleich jedoch kaum möglich, sodass auch Metaanalysen bislang keine Hauptfaktoren studienübergreifend identifizieren konnten. Gleichwohl bieten diese fünf Paradigmen eine geeignete Grundlage, um ein Raster zur systematischen Einordnung von vorliegenden Forschungsarbeiten zu erstellen. Von Krause/Dorsemagen (2007a) liegt ein solches Raster vor:

Tabelle 5: Raster zur Einordnung empirischer Untersuchungen
der Lehrerbelastungsforschung
(Krause / Dorsemagen 2007a, 59; modifiziert)

(1) gesellschaftliche Rahmenbedingungen
Einflussfaktoren
(2) arbeitsbezogene Einflussfaktoren objektiv/objektivierbar subjektive Wahrnehmung **(3) personenbezogene Einflussfaktoren** Demografisches Persönlichkeit, Motive & Eigenschaften, Biografie Coping/Bewältigungsstile **(4) außerberufliche Einflüsse**
Folgen
(5) kurzfristige, aktuelle Beanspruchungsreaktionen physiologisch/körperlich affektiv kognitiv verhaltensmäßig **(6) mittel- bis langfristige, chronische Beanspruchungs- folgen** physiologisch/körperlich affektiv kognitiv verhaltensmäßig **(7) nicht lehrerbezogene Folgen**
Intervention
(8) Verhältnisprävention
(9) Verhaltensprävention

Analog zu diesem Raster wird im Folgenden ein Überblick über die Lehrerbelastungsforschung gegeben.

Rubrik 1: Gesellschaftliche Rahmenbedingungen
Untersucht werden hierbei volkswirtschaftliche Variablen wie zum Beispiel die staatlichen und privaten Ausgaben für die Schule und die politischen Rahmenbedingungen zur Organisation des Schulwesens. Im Zentrum steht darüber hinaus die gesellschaftliche Reputation des Lehrberufes. Insgesamt, so resümieren Krause/Dorsemagen (2007a, 61), weist diese Forschungsrichtung jedoch kaum Bezüge und Erträge zur Lehrerbelastungsforschung auf.

Rubrik 2: Arbeitsbezogene Einflussfaktoren
Dieser Forschungszweig wählt subjektive oder objektive Erfassungsmethoden, um zum einen die Arbeitszeit, den Lärm, das Schülerverhalten sowie die Arbeitshygiene zu erforschen und zum anderen subjektive Wahrnehmungen von Tätigkeits- und Organisationsmerkmalen zu erheben. Lehrer und Lehrerinnen werden beispielsweise gebeten, ihren Entscheidungsspielraum einzuschätzen oder ihre sozialen Beziehungen am Arbeitsplatz zu bewerten. Krause/Dorsemagen führen für diese Rubrik vor allem Zeitdruck und fehlende Erholungspausen sowie Unterrichtsstörungen als objektiv messbare Belastungsursachen an. Auf der subjektiven Ebene stellte sich heraus, dass Lehrerinnen und Lehrer in erster Linie die Beziehungen in ihren Kollegien und zu ihren Vorgesetzten als Belastungsquelle benannten. Eine mangelnde materielle und personelle Versorgung in den Schulen hat bereits die Pisastudie festgehalten. Darüber hinaus wurden Probleme mit der Arbeitshaltung, dem Schülerverhalten und der gemeinsamen Zielentwicklung der Lehrerteams ermittelt.

Van Dick und Stegmann (2007) berichten über einen neueren Forschungszweig zur Lehrerbelastung: die Theorie der Handlungsregulation. Sie orientiert sich an beobachtbaren Handlungsbedingungen und steht nicht unter dem Einfluss lehrerspezifischer Persönlichkeitsmuster. Da das Theoriemodell allgemeingültige Prozesse enthält, kann es darüber hinaus als

Normativ angesehen werden und ermöglicht so einen Vergleich über das Belastungsmaß in unterschiedlichen Berufen. Auf der Basis der Theorie der Handlungsregulation untersuchten Krause/Dorsemagen (2007b) mit Hilfe des arbeitspsychologischen Instrumentes RHIA (Regulations-Hindernisse in der Arbeit) Unterrichtseinheiten von Lehrern und Lehrerinnen im Hinblick auf ihr Belastungsmaß. Das Instrument RHIA lässt sich wie folgt visualisieren:

Tabelle 6: Systematik des Verfahrens RHIA Unterricht
(Krause/Dorsemagen 2007b, 104; modifiziert)

	Regulationsbehinderungen (psychische Belastungen)	
Unterrichtsanteile	Regulationshindernisse	Regulationsüberforderungen
• Fachliche Ziele • Überfachliche Ziele • Lernbedingungen schaffen • Administratives • Bewertung	• Divergierende Zielstellungen • Geringe Nutzerkompetenz • Zeitliche konfligierende Zielsetzungen • Fremdeinfluss	• Lautstärke/Lärmpegel • Zu wenig Möglichkeit zum Abwenden
⇩	⇩	⇩
Unterrichtsstruktur	Unmittelbare Behinderungen der Zielverfolgung im Unterricht	Auf Dauer überfordernde Bedingungen

Durch geschulte Beobachter wurde unter Einsatz von Videoauswertung die Struktur des Unterrichts erfasst und auf Regulationshindernisse und Überforderungen untersucht. Hierbei wurde deutlich, dass gerade in Schulen, die den Unterricht im 45-Minuten-Takt auf den Vormittag konzentrieren, vermehrt Fehlbeanspruchungen beim Lehrpersonal auftraten. Darüber hinaus betont das Autorenteam die Eignung des Messinstrumentes zur Durchführung von grundlegenden Studien, die die psychischen Folgen von Unterrichtsmerkmalen wie Störungen oder Klassengröße unabhängig von der subjektiven Wahrnehmung erfassen. Zugleich wird die Eignung des Verfahrens als

Evaluationsinstrument für strukturbezogene Interventionen im Schulbetrieb herausgestellt.

In der bereits erwähnten Potsdamer Lehrerstudie (Schaarschmidt/Kieschke 2007) wurden auch Einschätzungen der Lehrer und Lehrerinnen zu den größten Belastungsquellen erfasst. Genannt wurden in erster Linie schwierige Schüler, große Klassen und die hohe Zahl der zu unterrichtenden Stunden. Darüber hinaus wurde nach Entlastungen gefragt. Hier wurde die soziale Unterstützung durch das Kollegium und durch die Schulleitung angegeben. In Kollegien, wo die genannten Entlastungsfaktoren gut eingeschätzt werden konnten, zeigten sich signifikant weniger körperliche und psychische Beschwerden bei dem befragten Lehrpersonal.

Ein besonderer, arbeitsplatzbezogener Faktor der Lehrerbelastung ist mit Sicherheit das Kriterium der Arbeitszeit. Obwohl bisherige Studien keine bedeutsamen Zusammenhänge zwischen quantitativer zeitlicher Anforderung und psychischer Belastung herzustellen vermochten, nehmen arbeitswissenschaftliche Betrachtungen in erster Linie eine Bewertung der qualitativen Dimension der Arbeitszeit vor (Dorsemagen et al. 2007) (vgl. hierzu ausführlich Kapitel 11).

Rubrik 3: Personenbezogene Einflussfaktoren
Die Betrachtung demografischer Variablen ist stets Bestandteil von Lehrerbelastungsstudien. Obgleich die Forschungsergebnisse sehr widersprüchlich sind, betonen Krause/Dorsemagen (2007a), dass Frauen tendenziell eher stärker belastet sind als Männer. Zur Erklärung lassen sich geschlechtsspezifische Situationsbewertungsmuster anführen. Des Weiteren werden in dieser Rubrik persönlichkeitsbezogene Aspekte beleuchtet. Im Fokus stehen folgende Variablen (in Anlehnung an Krause/Dorsemagen 2007a, 65):

- Persönlichkeitseigenschaften (wie Selbstwirksamkeit, Hardiness und Neurotizismus)
- verschiedene Lehrertypen
- unterschiedliche Kompetenzen wie Qualifikation und Handlungsstrategien

- Einstellungen zu Schülern, Fach und Beruf
- allgemeine und berufsbezogene Motive
- Biografisches

Einen bedeutsamen Beitrag zur Erforschung der Lehrerbelastung leistete zweifelsohne die mehrfach erwähnte Potsdamer Lehrerstudie. Das standardisierte Messinstrument AVEM (Arbeitsbezogenes Verhaltens- und Erlebnismuster), mit dem knapp 7700 Pädagogen und Pädagoginnen befragt wurden, wurde ebenfalls bereits in Kapitel 7 erläutert. Zur Erinnerung: Die individuellen Stressbewältigungsmuster wurden in der Pots-damer Lehrerstudie in Form von vier Kategorien ermittelt: die gesundheitsförderlichen Muster (G = Engagement, Widerstandskraft, Wohlbefinden und S = Schonung) und die risikohaften Muster (A = Selbstüberforderung und B = Überforderung, Resignation). Schaarschmidt/Kieschke (2007) konnten durch Wiederholungsmessungen die hohe Gesundheitsrelevanz der Muster bestätigen, in dem sie deutliche Zusammenhänge zwischen Stressbewältigungsstil und psychischem Wohlbefinden, der Erholungsfähigkeit, den Krankentagen und weiteren Gesundheitsindikatoren fanden. Menschen mit dem Muster G zeigten hier durchgängig bessere Werte, sodass dieses Muster auch als gesundheitsförderliches Muster gelten kann. Das Muster S artikuliert sich durch einen Stressbewältigungsstil, der berufsbezogenen Belastungen eine Reduktion des Engagements und ein Rückzug ins Privatleben folgen lässt. Die Muster A und B gelten als Risikobewältigungsstile, da sich in der Untersuchung herausstellte, dass deutliche Zusammenhänge zu gesundheitlichen Beeinträchtigungen bestehen. Im Vergleich zu anderen psychosozial beanspruchten Berufen, wie z. B. Feuerwehr oder Polizei, weisen Lehrer und Lehrerinnen eindeutig die ungünstigste Musterkombination auf. Mit nur 16 % ist das gesundheitsförderliche Muster G sehr schwach ausgeprägt, die Risikomuster A und B dagegen mit 33 % bzw. 29 % wesentlich häufiger vertreten. Über 60 % der befragten Lehrkräfte weisen somit einen Stressbewältigungsstil auf, der langfristig gesundheitliche Probleme nach sich ziehen kann.

Überraschend ist: Es konnte kein Unterschied zwischen den verschiedenen Schulformen festgehalten werden. Alter und Geschlecht sind dagegen bedeutsame Einflussvariablen: Insbesondere Frauen neigten durchgehend stärker zu risikohaften Bewältigungsmustern als Männer. Mit zunehmendem Alter verschlechtert sich die Fähigkeit zur Beanspruchung. Auch bei diesem Faktor sind es wiederum Frauen, die tendenziell stärker betroffen sind als Männer – ein Effekt, der sich auch bei einer Längsschnittuntersuchung an 291 Lehrern und Lehrerinnen bestätigte. Darüber hinaus zeigten sich keine positiven Veränderungen hinsichtlich der Musterverteilungen. Zwar war das Muster A (Selbstüberforderung) rückläufig, das Muster B (Überforderung, Resignation) stieg jedoch an. Beim Muster G (Engagement, Widerstandskraft, Wohlbefinden) waren Abnahmen zu verzeichnen, während das Muster S (Schonung) in seiner Auftretenshäufigkeit anstieg. Die Detailbetrachtung zeigt: Die stärksten Übergänge konnten erwartungsgemäß vom Muster A in Richtung B vorgefunden werden. Langfristig zeigt sich als Konsequenz der Selbstüberforderung bei einem Teil der Befragten die Tendenz zur Resignation. Der Übergang vom Muster S zum Risikomuster B ist als Reaktion des Individuums zu werten, dem als Folge des reduzierten Engagements die soziale Unterstützung der Umwelt entzogen wurde.

In die Altersbetrachtung der Potsdamer Lehrerstudie wurden auch Lehramtsstudierende und Referendare einbezogen. Bemerkenswert ist, dass für beide Gruppen risikohafte Musterverteilungen ausgemacht werden konnten, was für ungünstige Voraussetzungen bereits zu Studienbeginn spricht. Nach Ansicht der Autoren ist es aber zu einseitig, die problematische gesundheitliche Situation der Lehrerschaft einzig und allein auf unvorteilhafte Eingangsvoraussetzungen zurückzuführen. Vielmehr sprechen die deutlichen Abhängigkeiten vom Dienstalter dafür, dass neben den individuellen Voraussetzungen auch die beruflichen Faktoren deutlich Einfluss nehmen.

Schmid (2003) untersuchte ebenfalls mit Hilfe des AVEM die Lehrerschaft an Schulen zur Erziehungshilfe und konnte das Schonungsprofil S als häufigstes Bewältigungsmuster er-

mitteln. Dieses Ergebnis lässt sich auch in der Potsdamer
Lehrerstudie für die Förderschullehrer und Förderschullehrerinnen bestätigen. Gehört diese Berufsgruppe nun zu den
«Halbtagsjobbern», wie in der öffentlichen Diskussion nicht
selten artikuliert, oder bedarf es hier einer differenzierteren Betrachtung? In nicht wenigen Fällen, so Schaarschmidt/Fischer
(2001, 52), dürfte sich im S-Muster das Erleben nicht (mehr)
als ausreichend empfundener beruflicher Herausforderungen
niederschlagen. Eine eigene Studie an Förderschullehrern und
Förderschullehrerinnen wurde bereits Mitte der 1990er Jahre
an allen Schulen für körperbehinderte Kinder und einer vergleichbaren Anzahl von Hauptschulen im Bundesland Nordrhein-Westfalen durchgeführt. Als methodisches Design lag
die bereits erläuterte Diagnostik des Maslach Burnout Inventory zugrunde. Im Vergleich zur amerikanischen Normstichprobe wiesen Lehrer und Lehrerinnen an Schulen für körperbehinderte Kinder in allen drei Burnout-Dimensionen signifikant niedrigere Burnout-Werte auf. Darüber hinaus zeigte sich,
dass diese Berufsgruppe signifikant weniger von Burnout betroffen ist als Hauptschullehrer und Hauptschullehrerinnen.
Ein Vergleich zu anderen Förderschulformen verdeutlichte eine
hohe Parallelität zwischen den Lehrkräften an Schulen für körperbehinderte und denen an Schulen für geistig behinderte
Kinder. Bezüglich der Schülerschaft und der Aufgabenbereiche
kann von einer Annäherung beider Schulen ausgegangen werden. Das Bild wird deutlich geprägt durch Kinder und Jugendliche mit komplexen Beeinträchtigungen und einem diesbezüglichen Erziehungs- und Bildungsauftrag. Sehr viel höher lagen
die Burnout-Werte an Schulen zur Erziehungshilfe und für
Kinder mit Lernbeeinträchtigungen. In vergleichbarer Form
lassen sich auch Parallelen zwischen den Förderschwerpunkten Lernen, emotional-soziale Entwicklung und der Hauptschule ziehen. In allen drei Schulformen gilt es, die Schülerschaft auf eine nachschulische Situation vorzubereiten, in der
die beruflichen Perspektiven sehr ungünstig sind. Darüber hinaus wird der Alltag in hohem Maße durch den erzieherischen Umgang mit Verhaltensauffälligkeiten geprägt. Grund-

sätzlich kann als größte Belastungsquelle der Lehrerschaft der Umgang mit schwierigem Verhalten der Schülerschaft festgehalten werden.

Rubrik 4: Außerberufliche Einflüsse
Unter dieser Rubrik werden tätigkeitsbezogene Einflüsse subsumiert, die Auslöser von Beanspruchungen sein können und außerhalb des Berufes liegen. Hier geht es darum, den Einfluss von lebensgeschichtlich bedeutsamen Ereignissen *(life-events)* auszuloten. Krause/Dorsemagen (2007a) verorten hier ebenfalls Forschung zur Work-Life-Balance. Es treten Konflikte zwischen den Anforderungen im Arbeits- und Privatleben zutage. Es sind wiederum Lehrerinnen, die in dieser Rubrik nicht selten ein hohes Konfliktpotenzial zeigen, da sie beiden Lebenswelten eine sehr hohe Bedeutung beimessen.

Rubrik 5: Kurzfristige, aktuelle Beanspruchungssituationen
Diese Beanspruchungsreaktionen sind unmittelbar mit der Ausübung der Arbeitstätigkeit verbunden. Untersuchungen in dieser Rubrik betreffen nach Krause/Dorsemagen (2007a, 67–69) insbesondere drei Beanspruchungsarten:

Affektive Beanspruchung	Kognitive Beanspruchung	Verhaltensmäßige Beanspruchung
• Negatives Befinden • Wohlbefinden • Emotionale Dissonanz	• Gedanken zur Unterrichtsvorbereitung • Beschreibung kritischer Situationen	• Methodische Fehler • Stimmliche Belastung im Unterricht • Verhalten in Pausen

Rubrik 6: Mittel- bis langfristige Beanspruchungsfolgen
Der Forschungszweig untersucht über einen längeren Zeitraum an der Lehrperson entstehende und nur bedingt reversible Beanspruchungsfolgen (Krause/Dorsemagen 2007a, 69–73). Die Autoren unterteilen die Beanspruchungsfolgen in vier Kategorien:

Physiologisch-körperliche Beanspruchung:	• Körperliche Erkrankung • Physiologische Indikatoren • Frühpensionierung
Affektive Beanspruchungen:	• Burnout, Ängste • Subjektive Bewertung der positiven und negativen Auswirkungen • Affektive Komponente der Arbeitszufriedenheit
Kognitive Beanspruchungen (zeitlich überdauernde Denkstrukturen):	• Wissen, operatives Abbildsystem • Dropout-Intervention, Pensionierungsabsichten • Selbstwertgefühl und Selbstkonzept
Verhaltensmäßige Beanspruchungen (beobachtbares Verhalten):	• Resignation • Sucht- und Risikoverhalten • Gesundheitsverhalten • Fehlzeiten, Berufswechsel, Teilzeitquote • Psychotherapie, Fortbildungen • Gewerkschaftliche Aktivitäten

Insgesamt interpretieren die Autoren die Studie zur affektiven Beanspruchung als Bild relativ hoher Arbeitszufriedenheit. Zwei Drittel der befragten Lehrerschaft könnten dem Stress dauerhaft standhalten, während ein Drittel vermutlich bereits zu Berufsbeginn eher ungünstige Stressbewältigungsmuster zeigt und im Laufe der Berufsbiografie darauf ausgerichtet ist, das Arbeitsfeld zu verlassen. Bemerkenswert ist: Die positive Anbindung an die Schule bewirkt offenbar positive Gesundheitseffekte, dagegen geht mit der generellen Identifikation mit dem Lehrerberuf eher ein erhöhtes Stresserleben einher.

Rubrik 7: Nicht lehrerbezogene Folgen
Dieses Forschungsfeld wendet sich Folgen der Lehrerbelastung zu, die nicht auf die einzelnen Lehrkräfte selbst zurückzuführen sind, sondern beispielsweise Folgen wirtschaftspolitisch gesetzter Anreize darstellen, wie sie etwa durch Frühpensionierungen gegeben sind. Darüber hinaus ordnen Krause/Dorsemagen (2007a) hier auch Untersuchungen zu Schülerleistungen ein, denen ein sekundärer Signalcharakter bezüglich der Lehrerbelastung zuzuschreiben ist. Insgesamt, so betonen die

Autoren, hat dieser Forschungszweig sehr wenige Ergebnisse aufzuweisen.

Obwohl zur Lehrerbelastungsforschung bereits eine beachtliche Anzahl von Studien vorliegt, weist das genannte Autorenteam auf deutliche Forschungsdefizite hin. Insbesondere die Auswirkungen der gesellschaftlichen Rahmenbedingungen vor dem Hintergrund des sich wandelnden Schulsystems müssen stärker in den Fokus von Forschungsstudien rücken. Auch bestätigt sich die bereits in Kapitel 8 formulierte, ernüchternde Bilanz der Forschungslage, wenn unter Rückgriff auf Rösing (2003) die hohe Anzahl an Querschnittsuntersuchungen kritisiert und Längsschnittstudien zur Lehrerbelastung gefordert werden. Als Fazit bleibt: Lehrerbelastungsforschung muss sich zukünftig verstärkt an qualitativen Erhebungsmethoden orientieren, um intra- und interpsychische Aspekte von Belastung besser verstehen zu können.

Nachdem dieses Kapitel das Phänomen Burnout speziell für die Berufsgruppe der Lehrer und Lehrerinnen fokussiert hat, kehrt das nächste Kapitel unter Rückgriff auf Kapitel 8 wieder zu einer berufgruppenunabhängigen, fachlichen Betrachtung von aktuellen wissenschaftlichen Innovationen im Arbeitsfeld der Burnout-Forschung zurück.

10. Perspektivwechsel:
Von der Belastung zur Bewältigung

Als Ergebnis der letzten beiden Kapitel sind drei bedeutsame Kritikpunkte der bisherigen Burnout-Forschung festzuhalten: die einseitige Anwendung des MBI, eine pathogene Perspektive von Burnout, ein Mangel an Längsschnittstudien. Zeichnet sich nach 30 Jahren Burnout-Forschung ein Paradigmenwechsel ab? Gleich vorab: Sowohl Burisch (2006) als auch Rösing (2003) ziehen eine negative Bilanz. Auch zum gegenwärtigen Zeitpunkt scheint die «monotone» Anwendung des MBI-Messinstrumentes nicht überwunden zu sein. Nach kritischer Analyse der internationalen Forschungsliteratur sieht Rösing (2003) jedoch sinnvolle Innovationen durch die Einbindung von Gleichgewichts- und Emotionstheorien. Eine Überwindung des Pathogenenpols hin zu einer positiven Perspektive wird darüber hinaus durch den Ansatz der Stressbewältigung erzielt, der im letzten Kapitel bereits als Potsdamer Lehrerstudie dargestellt wurde. Die Studie orientiert sich an der Ressourcentheorie des israelischen Medizinsoziologen Aaron Antonovsky (1997). Seit den 1970er-Jahren ist in der Diskussion zur Gesundheitsförderung eine Abkehr von kurativen und eine Hinwendung zu präventiven Konzepten zu verzeichnen. Gesundheitsforschung statt Krankheitsforschung ist der Tenor. Im Zentrum steht die Frage: Warum bleiben viele Menschen trotz vielfältiger Belastungen gesund, während andere krank werden? Antonovsky (1997) hat den Begriff der Salutogenese eingeführt. Das Konzept der Salutogenese ist ein personenzentrierter Ansatz, um individuelle Unterschiede des Gesundheitszustandes von Menschen zu erklären. Bei seinem Gesundheitsmodell bezieht sich Antonovsky ausdrücklich auf das bereits erläuterte transaktionale Stressmodell von Lazarus und Laugnier und bezeichnet kognitives Bewerten und Coping als Schlüsselkompetenzen, da Stressoren die menschliche Existenz allgegenwärtig bestimmen. In Verbindung mit der Frage, ob eine Situation als verstehbar, sinnhaft und handhabbar/kontrollierbar bzw. veränderbar bewertet wird, führt Antonovsky den Begriff des Kohärenzsinns ein. Gemeint ist eine globale Orientierung, die davon Zeugnis gibt, in welchem Ausmaß ein Mensch ein andauerndes und dennoch dynamisches Gefühl des Vertrauens besitzt. Das Gefühl der Kohärenz wirkt strukturierend im Hinblick auf Ereignisse der inneren und äußeren Welt, macht sie vorhersehbar und erklärbar. Darüber hinaus bezieht sich der Kohärenzsinn auf die Verfügbarkeit von Ressourcen, um die aus den Ereignissen entstehenden Anforderungen bewältigen zu können. Die Erforschung der individuellen Ressourcen wird zur zentralen Aufgabe. Antonovsky (1997, 31–46) konnte zusammenfassend folgende drei stabilisierende Faktoren herausarbeiten und in seinem Kohärenzkonzept darstellen:

- Verstehbarkeit *(comprehensibility):* Dieser Faktor bezieht sich auf das Ausmaß, in dem Lebensbedingungen und Herausforderungen der Umgebung für den Menschen vorhersehbar und durchschaubar sind. Menschen mit einem hohen Ausmaß an Verstehbarkeit gehen davon aus, dass sich Herausforderungen, denen sie begegnen werden, vorhersagen oder zumindest erklären lassen.

- Handhabbarkeit *(manageability):* bezeichnet die Überzeugung, dass Ereignisse aus eigener Kraft bewältigt werden können. Menschen, die über ein hohes Maß an Handhabbarkeit verfügen, werden sich angesichts bedauerlicher Ereignisse nicht in eine Opferrolle drängen lassen, sondern damit umgehen können.

- Sinnhaftigkeit *(meaningfulness):* bezieht sich auf eine spezielle Lebenseinstellung, die sich als positiv und lebenswert beschreiben lässt. Probleme erscheinen als bewältigbar. Menschen mit einer stark ausgeprägten Fähigkeit, ihre Situation und ihre Handlungen emotional als sinnvoll zu betrachten, sind bereit zu investieren und sich zu engagieren.

- Je stärker das Kohärenzgefühl bei einem Menschen ausgeprägt ist, desto höher ist die Wahrscheinlichkeit, dass er konstruktive Bewältigungsstrategien entwickelt und gesund bleibt.

Eine intensivere Betrachtung sollen im Folgenden die Emotionstheorien und Gleichgewichtsmodelle erfahren.

Emotionstheorien

Emotionen sind «körperlich-seelische Reaktionen, durch die ein Umweltereignis aufgenommen, verarbeitet, klassifiziert und interpretiert wird, wobei eine Bewertung stattfindet. Dabei hat eine Emotion zunächst einen körperlich-vegetativen Aspekt: Die Verarbeitung eines Reizes wirkt sich auf unser vegetatives Nervensystem und unterschiedliche Organsysteme aus» (Hülshoff 1999, 14). An einem emotionalen Geschehen sind äußerst unterschiedliche und vielfältige Strukturen des Gehirns beteiligt. Das Reptilienhirn gilt als instinkthafte Basis. Primäre Gefühle korrelieren sehr stark mit dem limbischen System. Limbisches System und Großhirnrinde wiederum bilden eine unauflösliche Einheit. Emotion ist ohne Kognition nicht denkbar. Zum bewussten Erleben von Gefühlen bedarf es bestimmter Großhirnstrukturen.

Ein vielversprechender Forschungsansatz besteht darin, Burnout als Folge von «Emotionsarbeit» zu betrachten. Der Begriff «Emotionsarbeit» geht auf eine Studie darüber zurück, in welchem Ausmaß es zur Aufgabe von Stewards und Stewardessen im Flugverkehr gehört, gar nicht unbedingt vorhandenen Gefühlen Ausdruck zu verleihen. Zu den speziellen Anforderungen dieses Berufsbildes gehört die permanente Demonstration von Freundlichkeit. Die Art der Gefühlsdarstellung wird dabei Emotionsarbeit genannt. Von entscheidender Bedeutung ist, dass Emotionsarbeit nur in persönlichen Interaktionen zwischen Dienstanbietern und Dienstempfängern vorkommt. Sie verfolgt das Ziel, die Einstellungen und das Verhalten des Dienstempfängers zu beeinflussen. Die vom Dienstanbieter verlangten Gefühlsäußerungen sind berufsspezifisch und folgen bestimmten Regeln. Diese Regeln umfassen, welche Gefühle darzustellen sind, wie sie darzustellen sind und welche Gefühle nicht darzustellen sind. Hochschild (1983) unterscheidet zwischen Oberflächen- und Tiefenebene. Mit Emotionsarbeit auf der Oberflächenebene ist die äußerliche Darstellung von Gefühlen gemeint, als Beispiel sei die oberflächliche Freundlichkeit von Ärzten im Umgang mit Patienten genannt. Emotionsarbeit auf dieser Ebene kann innere Dissonanz und eine gewisse Anspannung zur Folge haben. Sie kann zu Burnout führen, da das permanente Schauspielern emotionale Erschöpfung und auch einen gewissen Zynismus zur Folge hat, der als Element von Burnout gilt.

Emotionsarbeit auf der Tiefenebene ist der Versuch, das beruflich geforderte Gefühl nicht nur zu simulieren, sondern auch zu einer tatsächlichen Empfindung werden zu lassen. Es kann Entfremdung von sich selbst zur Folge haben. «Emotionale Dissonanz» entsteht dann, wenn die dargestellten Gefühle nicht den empfundenen entsprechen, sich also nur auf der emotionalen Oberflächenebene bewegen. Im Fall von Burnout ist davon auszugehen, dass eher emotionale Dissonanz auf der Oberflächenebene negativ wirksam ist als Emotionsarbeit auf der Tiefenebene. Dies ist insbesondere der Fall, wenn aus beruflichen Gründen eine bestimmte Gefühlsdarstellung verlangt, diese aber persönlich als unzumutbar erachtet wird. Dann ist die Dissonanz größer. In einer Studie von Zapf (2002) an der Universität Frankfurt am Main konnte der Zusammenhang von Emotionsarbeit und Burnout bestätigt werden. Rösing (2003, 156) zieht folgendes Resümee:

«Dieser Forschungsbereich ist noch zu jung, und es liegen noch zu wenige Arbeiten vor, um ihn zu beurteilen. Sicher ist das Konzept der Emotionsarbeit eine Bereicherung der Burnout-Forschung – es verweist auf eine weitere mögliche Ursache von Burnout. Aber Emotionsarbeit kann sicher auch immer nur eine Ursache für Burnout sein – und insofern kann diesem Gebiet, sosehr es auch mit Erwartung belegt… und dann hoch gelobt wurde…, sicher keine integrierende Funktion in der Burnout-Forschung zukommen.»

Gleichgewichtstheorien

Die sogenannte Equity-Theorie (*equity*, dt.: Gerechtigkeit, Billigkeit) macht Aussagen darüber, inwiefern im Verhältnis zwischen Arbeitgeber und Arbeitnehmer ein Gleichgewicht von Geben und Nehmen vorhanden ist oder nicht. Dieser Theorieansatz besagt: Die Bewertung von zwischenmenschlichen beruflichen Beziehungen erfolgt unter dem Gesichtspunkt von Investition und Ertrag (Adams 1965). Kennzeichnend für die Bewertung der eigenen Arbeitssituation ist ein Grundbedürfnis nach Ausgewogenheit zwischen den beiden Elementen. Wahrgenommene Ungleichheit bedingt Stress und lässt ein Bedürfnis nach Ausgleich entstehen. Erlebte Ungleichheit bewirkt emotionale Erschöpfung. Selbstverständlich ist das erlebte Gleichgewicht bzw. Ungleichgewicht von bestimmten persönlichen Erwartungen, Dispositionen und Einstellungen geprägt. Menschen mit Gemeinschaftssinn nehmen interpersonelle Beziehungen nicht ausschließlich unter den Aspekten Investition und Ertrag war. Motive sind hier Mitgefühl und Sorge. Rösing (2003, 142) nennt als Beleg eine Studie, die an Krankenschwestern durchgeführt wurde. Eine ausgeprägte gemeinschaftsorientierte Grundeinstellung führte bei gleichen Werten wahrgenommener Ungleichheit zu einem geringeren Maß an erlebtem Burnout.

Gleichgewichtsmodelle liegen in der aktuellen Burnout-Forschung im Trend. Das Job Demands Control Model (dt.: Arbeits-Anforderungs-Kontroll-Modell) (Karasek 1979) wird gegenwärtig als die einflussreichste Theorie im Bereich der Erforschung von Arbeitsstress angesehen. Als Grundaussage dieser Theorie gilt: Arbeitsstress resultiert aus der Kombination von hohen Arbeitsanforderungen und niedriger Arbeitskontrolle. Hohe Arbeitsanforderungen verlangen auch hohen physischen oder mentalen Einsatz. Arbeitskontrolle beschreibt die Möglichkeiten des Arbeitenden, seine Arbeitssituation zeitlich und inhaltlich mitzugestalten. Arbeitsstress ist die abhängige Variable dieses Modells, die unabhängigen sind Arbeitsanforderung und Arbeitskontrolle. In einer Metastudie von De Lange et al. (2002) wurden insgesamt 39 Längsschnittstudien zum Job Demands Control Model analysiert. Nur elf der Studien konnten als hochwertig klassifiziert werden. Auch für diesen jüngsten Bereich der Burnout-Forschung ist zu bilanzieren, dass die Unverbundenheit von Forschungsstudien bislang noch nicht überwunden werden konnte. Gleichwohl haben Gleichgewichtsmodelle neue Perspektiven eröffnet.

Neben der Einbindung neuer Theoriebezüge ist auch die Verwendung alternativer, qualitativer Forschungsmethoden unabdingbar. Mit Sicherheit werden die klassischen Datenerhebungsverfahren von Interview und Fragebogen noch für einen längeren Zeitraum die Hauptinstrumente der Burnout-Forschung bleiben. Für die individuelle Mikroperspektive können aber auch unkonventionelle Methoden erkenntnisgewinnend wirken: Gruppeninterviews, Tagebücher oder Zeichnungen. Starke Argumente lassen sich auch für Einzelfallanalysen anbringen. Derartige Forschungswege sind dringend geboten, um den Erkenntnisgewinn zu erhöhen.

II. Prävention und Intervention:
Entlastung, Erholung, Ernüchterung

Auch wenn es den Anschein hat, dass sich Burnout wissenschaftlich nur schwer erforschen lässt, handelt es sich aus individueller und gesellschaftlicher Perspektive um ein hochbedeutsames Thema mit folgenreicher Praxisrelevanz. Was können wir prophylaktisch tun, um uns gegen Prozesse des Ausbrennens zu schützen und zu stärken? Was kann Betroffenen helfen, den Weg aus der Burnout-Krise zu finden? Gleich einleitend: Die Zahl der insbesondere in Form von Ratgebern publizierten Literatur ist mittlerweile unüberschaubar geworden. Demgegenüber lässt sich jedoch ein Mangel an systematischen Wirksamkeitsstudien der vorgeschlagenen Interventionen konstatieren, sodass sich bisher keine generellen Empfehlungen zur Burnout-Prävention und -Intervention ableiten lassen. Durch systematische Längsschnitt-Interventionsstudien wird jedoch versucht, diesem Kritikpunkt Rechnung zu tragen. Von entscheidender Bedeutung für den Präventions- und Interventionserfolg ist die Beachtung folgender Zielrichtungen: Zum einen geht es darum, die Bewältigungsmöglichkeiten des Einzelnen zu stärken, zum anderen müssen die Arbeitsbedingungen verbessert werden. Burisch (2006, 236) findet unter Bezugnahme auf Neck (1977) einen sehr treffenden Vergleich aus einer Kampagne zur Malariabekämpfung.

> «Man muss die gefährdeten Personen impfen, und man muss die Sümpfe trockenlegen, in denen sich die übertragenden Stechmücken vermehren. Wo das möglich ist, könnte man auch wenig widerstandsfähige Personen von der Gefahrenzone fernhalten.»

Auf der individuellen Ebene der Burnout-Prävention und Burnout-Behandlung können wir zunächst festhalten, dass es oftmals der Betroffene selbst ist, der die Diagnose «Burnout» stellt und auf diese Weise den ersten Schritt zur Veränderung seiner Situation einleitet. Tipps, um die eigene Stresssituation zu erkennen und zu minimieren, werden in zahlreichen Ratgebern publiziert (z. B. Müller 1994, Kolitzus 2007). Derartige Bücher beschreiben in erster Linie Stressminderungs- und Entspannungstechniken für den Alltag, dienen dem Ausbalancieren zwischen beruflichen Anforderungen und privaten Verpflichtungen und der Besinnung auf die eigenen Bedürfnisse. Bestandteil derartiger Ratgeberliteratur sind meist kurze Fragebögen zur Selbstbeobachtung.

Datum	Beschwerden		
	1. Zeitpunkt	2. Zeitpunkt	3. Zeitpunkt
1. Wann und wie treten die Beschwerden auf?			
2. Meine momentanen Gefühle und Gedanken?			
3. Was hat sich davor ereignet?			
4. Welche Gedanken hatte ich vorher?			
5. Welche Gedanken an bevorstehende Ereignisse habe ich?			

(in Anlehnung an Müller 1994, 160)

Selbstbeobachtungsbogen

Alternativ zur Ratgeberliteratur lassen sich natürlich auch über eine Internetrecherche zahlreiche Anregungen und beispielsweise auch Adressen von virtuellen oder realen Selbsthilfegruppen ausfindig machen. Besteht weiterer Beratungs- und Unterstützungsbedarf, können gezielte Interventionsprogramme, angefangen von einzelnen Seminaren und Workshops bis hin zum Klinikaufenthalt, in Anspruch genommen werden. Nach Hillert/Marwitz (2006, 233) setzen Interventionsprogramme in der Regel auf die drei E's:

- Entlastung von Stressoren
- Erholung durch Entspannung und Sport
- Ernüchterung im Sinne einer Verabschiedung von extremen Perfektionsvorstellungen

Die Autoren selbst legen eine prägnante Darstellung kurzfristiger und langfristiger Strategien vor:

Tabelle 7: Strategien der Stressbewältigung
(Hiller/Marwitz 2006, 239; modifiziert)

Kurzfristige Strategien	
Spontane Erleichterung	• z. B. tief durchatmen, Kurzentspannung, sich ausstrecken
Wahrnehmungslenkung	• z. B. aus dem Fenster ins Grüne sehen, das Foto der Kinder auf dem Schreibtisch betrachten, ein Lied im Radio hören usw. (weg von dem Stressor, hin zu neutralen oder positiv besetzten Stimuli)
positive Selbstgespräche	• z. B. «Das schaffe ich schon», «So schnell gebe ich nicht auf», «In der Ruhe liegt die Kraft»
Abreaktion	• z. B. auf den Tisch hauen, mit Schwung eine Treppe hinauflaufen
Langfristige Strategien	
Entspannung	• ein Entspannungsverfahren lernen (Autogenes Training, Progressive Muskelentspannung, Yoga, Meditationsverfahren), Fernsehen, Kochen
Zufriedenheitserlebnisse	• Hobbys (z. B. Musik spielen), Genusserfahrungen (gutes Essen), Lesen
Einstellungsänderungen	• Perfektionismus reduzieren, überzogene idealistische Vorstellung hinterfragen, sich erlauben, Hilfe anzunehmen
Soziale Fertigkeiten verbessern	• z. B. VHS-Kurse besuchen, an Supervision teilnehmen, soziale Kompetenz verbessern
Soziale Unterstützung	• z. B. private und berufliche Kontakte pflegen, Hilfe suchen und annehmen, in einen Verein eintreten
Problemlösungsfertigkeiten verbessern	• z. B. Mittel-Ziel-Analysen durchführen und Problemlösungen generieren
	• z. B. Pufferzeiten einplanen, «Zeitfresser» identifizieren und reduzieren, realistische Zeitpläne aufstellen

Die Autoren empfehlen einen den Stressoren angepassten gezielten Einsatz dieser Strategien im Alltag.

In Anlehnung an Lazarus geben Pines et al. (2006, 166 ff.) vielfältige Vorschläge zur Stressbewältigung. Zu unterscheiden sind zwei Formen von Bewältigungsansätzen: direkte Bewältigungsversuche, mit denen sich eine Person in der stresshaften Auseinandersetzung mit der belastenden Umwelt zu behaupten versucht, sowie indirekte Maßnahmen, die Erleichterung verschaffen, wenn direkte Maßnahmen nicht durchgeführt werden können. Auf dieser Basis ergeben sich vier Typen von Bewältigungsstrategien.

1. direkt-aktiv: Die stresshafte Situation wird verändert, bestimmte Stressfaktoren werden beeinflusst, positive Aspekte der Situation werden herausgefiltert;
2. indirekt-inaktiv: Die stresshaften Elemente einer Situation werden ignoriert, vermieden, die Situation wird unter Umständen sogar verlassen;
3. indirekt-aktiv: Stress wird kommuniziert, die Person verändert sich in Anpassung an stresshafte Elemente der Situation, engagiert sich in anderen Tätigkeiten;
4. indirekt-aktiv: trinken, krank werden, zusammenbrechen.

Um sich das Ausmaß des eigenen Stresses zu vergegenwärtigen, kann es hilfreich sein, ein Tagebuch über den erlebten Stress, die gewählten Bewältigungsmethoden und deren Wirksamkeit anzulegen. Jede Stresssituation und Belastung sollte auf einer Intensitätsskala eingestuft werden:

1	2	3	4	5	6	7
nicht intensiv			mäßig intensiv			sehr intensiv

So lassen sich nach Aussage der Autoren Verhaltensmuster, die sich als erfolgreich erwiesen haben, identifizieren. Hilfreich ist es, eine Zwischenbilanz zu ziehen: In welchem Maß haben sich meine ursprünglichen Hoffnungen und Erwartungen bis zum jetzigen Zeitpunkt erfüllt? Kurz- wie langfristige Ziele müssen kontinuierlich neu beurteilt und auf ihre Realisierbarkeit hin überprüft werden. Es sollten Prioritäten festgelegt werden, darüber hinaus ist eine Unterscheidung zwischen lösbaren und unlösbaren Problemen zu treffen. Wichtig sind das schrittweise Vorgehen und die Konzentration auf einige wenige, veränderbare Dinge. Der Entschluss zu notwendigen Veränderungen ist möglichst schnell zu treffen, da Zeit als kostbarer Faktor gilt. Wichtig ist die frühzeitige Suche nach Auszeiten. Arbeits- und Lebensbereich sind strikt zu trennen. Zeiten zur Entspannung sind einzuplanen. Es muss darum gehen, den beruflichen Stress bewusst zu machen, vernünftige Grenzen und realistische Ziele zu setzen. Hervorzuheben sind positive Einstellungen. Die Fähigkeit, über sich selbst lachen zu können, kann stressabbauend wirken. Und wichtig: Zutrauen in die eigenen Fähigkeiten zu haben!

Selbstbelastungen gehen häufig mit fehlender Psychohygiene einher. Psychohygiene gilt als Praxis und Lehre vom seelischen Gesundheitsschutz (Fengler 2001, 196). In Anlehnung an Fengler (2001, 198–202) werden nachfolgend Fragen und Vorschläge zusammengestellt, mit denen Psychohygiene in verschiedenen Alltagsbereichen beginnen kann. Der Autor empfiehlt, pro Tag nur eine einzige Frage zu prüfen und sich von ihr durch den Tag begleiten zu lassen.

1. Stellen Sie eine Liste von Inanspruchnahmen durch für Sie wichtige Personen zusammen. Beginnen Sie die Sätze mit: «Du solltest ...» Prüfen und entscheiden Sie, welchen der Beanspruchungen Sie in Zukunft noch gerecht werden wollen und welche Sie ablehnen.

2. Bringen Sie in Erfahrung, welche Pläne in Ihrem Leben unerledigt geblieben sind. Notieren Sie wieder Sätze: «Ich sollte ...» Entscheiden Sie, welche Pläne Sie innerhalb der nächsten vier Wochen erledigen wollen und welche unerledigt bleiben müssen. Verabschieden Sie sich ganz bewusst von Plänen, die Sie nicht erledigen können, denn alles Unerledigte bindet Kraft.

3. Gibt es in Ihrem Bekannten- oder Freundeskreis Personen, denen Sie eigentlich nicht begegnen möchten? Ist es möglich,

den Kontakt zu verringern oder zu beenden? Gibt es Menschen, denen Sie häufiger begegnen möchten? Ist dies möglich?

4. Wie sieht Ihre Freizeitgestaltung aus? Sind Sie anschließend bereichert, gereizt oder ausgelaugt?

5. Wofür geben Sie viel Geld aus? Ist die Mittelverteilung richtig? Kommen Überlegungen wie: weniger zu arbeiten, weniger zu verdienen, weniger zu konsumieren und sich mehr zu erholen in Betracht?

6. Gibt es in Ihrem Leben eine Tätigkeit, bei der Sie zu viel Zeit verbringen? Ist es möglich, diesen Punkt zu ändern?

7. Notieren Sie möglichst genau einen Ihrer typischen Arbeitstage. Vermerken Sie mit den genauen Uhrzeiten, welche Zeitspannen Ihnen zusagen und welche nicht. Fragen Sie sich, ob Sie an diesem typischen Arbeitstag etwas verändern wollen und können.

8. Skizzieren Sie jetzt einen idealen Arbeitstag, beschreiben Sie jede Stunde genau und überprüfen Sie, welche Bereiche Sie in Ihr wirkliches Leben übernehmen können.

9. In welchen Bereichen Ihrer Wohnung fühlen Sie sich wohl? Gibt es Bereiche, die Sie anders gestalten wollen?

10. Haben Sie jeden Tag in Ihrem Leben genug Zeit und Raum zum Denken, Fühlen und Empfinden? Wenn nicht: Können Sie dies ändern?

11. Wie können Sie sich entspannen? Sind diese Formen für Sie förderlich?

12. An welchen Orten, zu welchen Zeiten, mit welchen Menschen können Sie besonders gut Kraft schöpfen? Machen Sie davon Gebrauch?

Gezielte Interventionen, den Einzelnen mit besseren Bewältigungsstrategien auszustatten, finden häufig in Form von Workshops oder Seminaren mit entsprechenden Schwerpunktthemen statt. Burnout-bezogene Workshops basieren auf zwei Säulen: Zum einen ist es das Ziel, arbeitsbezogene Probleme und ihre Bewältigungsmöglichkeiten bewusst zu machen. Zum anderen sollen die Methoden der Selbstbeobachtung, des Stressmanagements, der Entspannungsübungen und der Suche nach Unterstützung das individuelle Stresserleben reduzieren. Konsens besteht darüber, dass Verfahren auf verschiedenen Ebenen (kognitiv, emotional, konativ) sinnvoll miteinander verknüpft werden müssen. Workshops pflegen verschiedene Verfahren zu kombinieren.

Ein derart kombiniertes Angebot führten van Dierendonck et al. (1998) mit einem fünfwöchigen Gruppenprogramm für Betreuer und Betreuerinnen geistig behinderter Menschen auf der Grundlage der Equity-Theorie durch. Zielsetzung war die Reduktion des wahrgenommenen Ungleichgewichts zwischen den Anforderungen und Zielen von Pflege in der aktuellen Arbeitssituation. In einer Experimental- und zwei Kontrollgruppen wurden vor, sechs Monate nach sowie ein Jahr nach dem Programm Befragungen mittels Fragebogen durchgeführt. Des Weiteren wurden die individuellen Abwesenheitszeiten ein Jahr vor und nach Abschluss des Programms kontrolliert. Als Ergebnis konnte festgehalten werden, dass Burnout, Abwesenheit und Gefühle der Benachteiligung im Vergleich zu den Kontrollgruppen sanken. Den stärksten Effekt erzielten Teilnehmer, die soziale Ressourcen zu ihrem Vorteil nutzen konnten.

Schaufeli/Enzmann (1998) berichten von zwei selbst durchgeführten Workshops, in denen sie mit einer Kombination aus Entspannungsübungen, Stressmanagement, kognitiv-verhaltenstherapeutischen Techniken und der Entwicklung realistischer Ziele sowie dem Erlernen einer Haltung der distanzierten Anteilnahme Burnout verhindern bzw. mindern wollten. Die Auswertung machte allerdings deutlich, dass nur die Raten der emotionalen Erschöpfung abnahmen, während Depersonalisation und reduzierte Leistungsfähigkeit unverändert blieben. Dies gilt nach Ansicht der Autoren als Beleg dafür, dass viele Interventionsansätze nur auf individuelle Stressbewältigungsmöglichkeiten Einfluss nehmen und dementsprechend nur das Erschöpfungserleben verändern.

Im Rahmen der Potsdamer Lehrerstudie wurde von Schaarschmidt/Kieschke (2007) an Lehramtsstudenten ein verhaltenstherapeutisch orientiertes Trainings- und Stressbewältigungsprogramm durchgeführt. Das Training zeigte überwiegend positive Effekte, denn der Anteil der Risikomuster sank, während das angegebene Wohlbefinden und die erlebte Widerstandskraft stiegen. In Nacherhebungen erwiesen sich diese positiven Effekte als zeitlich überdauernd. Gleichwohl schränken die Autoren selbst ein, dass es sich um erste Erfahrungen handelt, offensichtlich ist das Messinstrument AVEM jedoch geeignet, die Auswirkungen von Interventionen zu erfassen. An dieser Stelle sollen Betrachtungen von Hillert/Marwitz (2006) nicht unerwähnt bleiben, die bei einer Sichtung verschiedener Untersuchungen zur Verhältnisprävention widersprüchliche, zum Teil gegenteilige, also stresssteigernde Effekte von verhältnisbezogenen Interventionen ausmachten. Die Autoren erklären diesen Umstand einerseits mit methodischen Mängeln der vorliegenden Studien und vermuten andererseits, dass jede Veränderung zunächst vom Individuum selbst mit einer Anpassungsleistung beantwortet werden muss, die ebenfalls Stresscharakter hat. Schaarschmidt/Kieschke (2007) plädieren für eine verbesserte Nachwuchsgewinnung, da bereits Studierende mit risikohaften Stressbewältigungsmustern in der Potsdamer Lehrerstudie auffielen. Im Detail: Bereits zu Beginn des Studiums wurden Gefährdungen wie Einschränkung der Widerstandskraft, kommunikative Defizite und mangelndes Selbstvertrauen gezeigt. Auswahlverfahren, so die Autoren, sollten emotional stabile Studienbewerber mit einer aktiv-offensiven Haltung bevorzugen, die eine prosoziale Einstellung aufweisen und sensibel sind für eine Balance aus Rücksichtnahme und Durchsetzung. Somit könnten nicht geeignete Kandidaten, die risikohafte Voraussetzungen mitbringen, identifiziert und ihnen ein möglicherweise langjähriger persönlicher Leidensweg erspart werden.

In den vergangenen 20 Jahren meiner Tätigkeit als Hochschullehrerin habe ich selbst zahlreiche Lehrveranstaltungen mit vielen jungen Menschen zum Thema Burnout durchgeführt (vgl. Hedderich 2006, 134–137). Beispielhaft sei eine dieser Veranstaltungen hier skizziert:

Thema des Seminars: «Berufliche Belastung und Bewältigungsstrategien in heilpädagogischen Arbeitsfeldern»

Intentionen:
- Grundlagenwissen über Begriff, Theorien und Forschungsergebnisse erhalten
- Belastungssituationen im schulischen und außerschulischen heilpädagogischen Arbeitsfeldern erkennen und benennen
- Bewältigungsstrategien anhand von Fallbeispielen entwickeln
- Formen der Prävention und Intervention kennenlernen

Inhalt:
- Eigenes Betroffensein
- Definitionsversuche, Historie, Ätiologie
- Symptomatologie, Erklärungsmodelle, kritische Reflexion der Forschungsergebnisse, Diagnostik
- Fallbeispiele aus dem schulischen und außerschulischen Kontext, Berufsrollen und Helfer-Klient-Beziehung
- Formen der Prävention und Intervention: Arbeitszeitmodelle, Stressmanagement, soziale Unterstützung, Supervision, Therapien
- Selbsterfahrung und Entspannungsübungen

Aufbau
Derartige Veranstaltungen wurden von mir bewusst stets als Kompaktseminar an drei bis vier Tagen durchgeführt und ließen neben der Wissensvermittlung stets genügend Raum für Gespräch, Reflexion und Selbsterfahrung. Faktoren der Helfer-Klient-Beziehung, der Haltungen und des professionellen Selbstverständnisses wurden stets in besonderem Maße fokussiert. Ein sehr lesenswerter Theoriebeitrag zur Diskussion von Haltungen im heilpädagogischen Arbeitsfeld wurde von Häußler (2000) vorgelegt. Der Autor schlägt für das Arbeitsfeld der Heil- und Sonderpädagogik eine gezielte Haltung der Skepsis vor, die sich gerade auf die Machbarkeit und die Wirksamkeit heil- und sonderpädagogischer Methoden bezieht, um Überfor-

derungen zwischen Menschen mit Behinderungen und Pädagogen und Pädagoginnen zu vermeiden. Skepsis gilt es auch gegenüber den Anforderungen der Menschen mit Behinderungen und gegenüber den eigenen Anforderungen zu bewahren. Den Terminus Haltung greifen ebenfalls Pines et al. (2006) auf. Sie empfehlen, sich selbst positive Bedingungen zu schaffen und mit einer Haltung der Neugier und der Anerkennung eigener Leistungen Sinn und Bedeutung in der eigenen Arbeit zu entdecken. Hilfreich ist eine ausgewogene Haltung, die den eigenen Bedürfnissen so viel Beachtung zumisst wie denen der Klienten.

Wie ist der Stand der Forschung im Bereich von Prävention und Intervention zu beurteilen? Lassen wir noch einmal die kritische Stimme von Rösing zu Wort kommen:

> «Zunächst ist es als ein Fortschritt anzusehen, dass kaum noch Studien erscheinen, in denen dieses oder jenes Verfahren einmal ‹ausprobiert› wird, ohne dass man die Effektivität der Intervention einer Evaluation unterzieht. Auf der anderen Seite aber ist die Interventions- und Forschungslage nach wie vor sehr unbefriedigend …» (Rösing 2003, 123).

Häufig, so führt die Autorin ihren kritischen Gedankengang weiter, sind Interventionen nicht burnout-spezifisch, sondern beziehen sich ganz allgemein auf berufliches Stresserleben. Theoretische Überlegungen werden bei der Auswahl von Behandlungsverfahren nur selten angestellt. Die durchgeführten Interventionen werden nicht hinreichend detailliert dokumentiert. Häufig wird darüber hinaus technisch und trainingsorientiert gearbeitet, nur gelegentlich kommen psychodynamische Verfahren zur Anwendung. Für die Letztgenannten lassen sich kaum Effektivitätsstudien finden.

Reichen Ratgeber und Workshop nicht aus, da bereits ein bestimmter Schweregrad von Betroffensein vorliegt, so kann der Weg über den Hausarzt in eine Therapie führen. Grob ist eine tiefenpsychologische von einer verhaltenstherapeutischen Behandlungsform zu unterscheiden (vgl. ausführlich Hillert/Marwitz 2006, 248 ff.).

Tiefenpsychologische Behandlungsformen wurden ursprüng-

lich auf das Konzept der Psychoanalyse von Sigmund Freud zurückgeführt. Im Zentrum steht ein sich zwischen Therapeut und
Patient abspielender Prozess der Übertragung und Gegenüber-
tragung, mit dem Ziel, in der frühen Entwicklung des Patienten
abgelaufene defizitäre Entwicklungen aufzulösen, die ihrerseits
die den Symptomen zugrunde liegende Neurose begründen.
Wenn dem Patienten im Verlauf der Behandlung eine Auflösung
möglich ist, kann sich die hiervon getragene Symptomatik ver-
lieren. Hillert/Marwitz berichten von berufsbezogenen tiefen-
psychologischen Gruppentherapieangeboten in psychosomati-
schen Rehakliniken. Die Gruppendynamik ist darauf ausgerichtet, problematische Muster im Berufsalltag des Patienten zu
identifizieren, den Hintergründen nachzugehen und schrittweise Modifizierungen einzuführen. Die Autoren können von positiven Effekten derartiger Ansätze auf das Burnout-Erleben berichten.

Verhaltenstherapien gehen dagegen von der Grundannahme
aus, dass die meisten menschlichen Verhaltensweisen in syste-
matischer Weise gelernt wurden. Diese Grundannahme gilt gleichermaßen für problematisches Verhalten. Als Lernparadigmen
sind anzuführen: klassisches, operantes Konditionieren sowie
Modelllernen. Verhaltenstherapie intendiert die therapeutische
Anwendung der genannten Lerngesetze. Die wissenschaftliche
Überprüfung ist hierbei von besonderer Bedeutung. Der Verhaltenstherapie liegt die Annahme zugrunde, dass die meisten
psychischen Störungen letztendlich auf dysfunktionalen Ver-
haltensmustern beruhen, die im Laufe der Biografie erworben
wurden. Im Rahmen der Therapie werden detaillierte Verhal-
tensanalysen erstellt, um möglichst konkrete Therapieziele zu
formulieren. Große Popularität hat die verhaltenstherapeutische Behandlung insbesondere bei Angst- und Zwangserkran-
kungen erlangt.

Wie können wir uns ein verhaltenstherapeutisches Vorgehen
bei Burnout vorstellen? Können Sie sich noch an die Fallbeispiele zu Beginn des Buches erinnern? Verfolgen wir die von Hil-
lert/Marwitz (2006, 251–255) wiedergegebenen Fallbeispiele
aus ihrer eigenen therapeutischen Praxis noch einmal. Wie ging

der Lebens- und Leidensweg von Marion A. weiter? Zur Erinnerung: Frau A. hatte ihren Dienst in der Schule mit hohem Engagement zu Lasten ihres Privatlebens versehen, litt an Erschöpfung und war schließlich erkrankt. Sie begab sich mit einer depressiven Erkrankung und Ohrgeräuschen (Tinnitus) in
stationäre psychosomatische Behandlung. Im Rahmen der Psychotherapie wurde im lebensgeschichtlichen Kontext von
Frau A. deutlich, dass sie es bereits als Kind verstanden hatte,
der Mutter durch gute Leistungen Freude zu bereiten. Auch die
Beziehung zu den Schulkindern war von hoher Intensität und
von der Abhängigkeit von Bewunderung und Dank geprägt.
Darüber hinaus wird Frau A. als Perfektionistin charakterisiert.
Der Unterricht wurde von ihr stets sehr gut vorbereitet. Auf der
Basis von Anamneseerhebung und Verhaltensanalyse wurden
folgende Therapieziele vereinbart: Relativierung der überzoge-
nen Leistungsansprüche, Wiederaufnahme vernachlässigter Aktivitäten (Hobbys), um dem einseitigen beruflichen Engagement
entgegenzuwirken, die Intensivierung sozialer Kontakte und die
Förderung körperbezogener Aktivitäten. Das Therapieziel, auch
aggressive Gefühle zuzulassen, war für Frau A. auf der Basis ihrer Biografie nur sehr schwer annehmbar. Die stationäre Behandlung ermöglichte neben der Entlastung von alltäglichen
Verpflichtungen auch die Durchführung unterschiedlicher The-
rapieformen. Frau A. nahm teil an: Einzeltherapie, Depressions-
und Tinnitusbewältigungstherapie, Kunst- und Gestaltungsthe-
rapie, Bewegungserfahrung. Nach einem Zeitraum von vier bis
acht Wochen fühlte sich Frau A. wieder belastbarer. Sie wollte
sich auch weiterhin, aber nicht mehr ausschließlich für die
Schule engagieren, deshalb beabsichtigte sie eine Deputatsre-
duktion. Bei ihrer Entlassung war Frau A. zuversichtlich, das
Gelernte im Alltag umsetzen zu können. Sie war sich jedoch
auch dessen bewusst, ambulant weiterhin Psychotherapie zu benötigen.

Verfolgen wir ebenfalls den Therapieverlauf von Manfred B.
Zur Erinnerung: Auch Manfred B. hatte hoch engagiert und erfolgreich in einer Computerfirma gearbeitet, bis er eines Tages
aufgrund von Rationalisierungsmaßnahmen entlassen wurde,

weil er dem Leistungsdruck auf der Führungsebene nicht mehr gewachsen war. Wir können Herrn B. auch als Mobbingopfer bezeichnen. Herr B. zeigte eine depressive Störung. Auf der Basis der Anamneseerhebung, die ihn schon in seiner Schulzeit als sehr leistungsorientiert, den zwischenmenschlichen Kontakt eher meidend und auf den Umgang mit Computern ausgerichtet zeigt, konzentrierte sich die Therapie auf die durch die Kündigung erlittene Kränkung und den notwendigen Verarbeitungsprozess. Herr B. wurde darin unterstützt, seine Verbitterung zu artikulieren und zu reflektieren. Hierbei wurden auch biografische Züge hergestellt. Herr B. war in zunehmendem Maße in der Lage, Trauer und Schmerz zuzulassen. Über die therapeutische Verarbeitung der Kränkung hinaus absolvierte Herr B. ein soziales Kompetenztraining in Form von Gestalttherapie und Rollenspielen. Bei seiner Entlassung fühlte er sich stabiler und hatte Perspektiven. Er wollte mehr kämpfen, sich weniger ausbeuten lassen und sich mehr Zeit für Familie und Hobbys nehmen.

Die Therapieverläufe wirken geradezu ideal. Wie sehen Hillert/Marwitz (2006, 258–261) die Grenzen der Psychotherapie? Innerhalb der Therapie werden Lösungen der Probleme eines Patienten im Hinblick auf dessen Persönlichkeitsstruktur entwickelt. Vorschläge zu Lebenssinn und Lebenswerten werden, dem therapeutischen Ehrenkodex der Psychotherapie entsprechend, hingegen nicht vermittelt. Da das Phänomen Burnout eine hohe gesellschaftliche Relevanz besitzt, stellt sich die Frage, «ob denn der Betroffene selbst tatsächlich die richtige Instanz entsprechender Interventionen darstellt» (Hillert/Marwitz 2006, 259). Demnach ist es nur folgerichtig, sich im weiteren Verlauf organisationsbezogenen Maßnahmen der Burnout-Prävention und -Intervention zuzuwenden.

Angesichts der finanziellen Folgen von Frühpensionierungen und der Kosten der Fehltage durch Stress und Arbeitsüberlastung besteht an der Relevanz von Maßnahmen der betrieblichen Gesundheitsförderung, der Einführung von Arbeitszeitmodellen und der Durchführung von Supervision keinerlei Zweifel.

Gesundheitsförderung

Primäre Interventionen zielen darauf ab, eine Verringerung der organisatorischen und strukturellen Gefahren in der Organisation herbeizuführen. Sekundäre Interventionen sind auf die Einzelperson ausgerichtet und bemühen sich um Veränderung des Gesundheitsstatus. Tertiäre Interventionen wenden sich an bereits erkrankte Personen. Ein Personenkreis, für den aktuelle Studien zur Gesundheitsförderung vorliegen, ist der Beruf der Erzieherin. Aufgrund der besonderen Fokussierung frühkindlicher Bildung sind die Arbeitsbedingungen im elementarpädagogischen Arbeitsfeld in das Zentrum des gesamtgesellschaftlichen Interesses getreten. Schad (2003, 14) trug ein umfassendes Bild möglicher organisations- und strukturspezifischer Gefahren des Erzieherberufes zusammen:

- mechanische Gefährdung durch Stolpern, Umknicken etc.
- Gefährdung durch Gefahrenstoffe wie Klebstoffe oder Lösungsmittel
- biologische Gefährdung durch Infektion mit Mikroorganismen
- thermische Gefährdung aufgrund von Kontakten mit erhitzten Medien
- Gefährdung durch spezielle physikalische Entwicklung wie z. B. Lärm
- Belastung durch Arbeitsumgebung, Klima, Beleuchtung oder Flächenbedarf
- physische Belastung aufgrund dynamischer Muskelarbeit oder einer falschen Körperhaltung

Als Hauptbelastungsquelle konnte der Lärm ermittelt werden, dem Erzieherinnen ausgesetzt sind. Auch Untersuchungen von Rudow (2004) und Seibt et al. (2005) konnten dieses Ergebnis bestätigen. Neben den akustischen wurden ebenfalls die körperlichen Belastungen genannt. Auch bei der Bewertung der Rahmenbedingungen zeigte sich, dass von der Hälfte der Befragten der angegebene Personalmangel als Belastung erlebt wird (Rudow 2004). Seibt et al. (2005, 61) konnten die häufigsten aktuellen Beschwerden ermitteln: Nacken- und Rückenschmerzen, Erschöpfung, Müdigkeit, Grübeleien, Zweifel, Kopfschmerzen, Schlafstörungen, leichte Erregbarkeit, Vergesslichkeit, Unkonzentriertheit, Redehemmung, Lampenfieber, Tränen, brennende Augen, Lichtempfindlichkeit.

Auch Schaarschmidt (2005) untersuchte mit Hilfe des bereits erläuterten Testinstrumentes AVEM Erzieherinnen und konnte zeigen, dass von den 205 Befragten 42% zu einem risikohaften Stressbewältigungsstil neigen. Insgesamt zeigt sich, dass als Hauptbelastungsquelle der Lärm, die ungünstigen Körperhaltungen und die psychischen Anforderungen insbesondere durch die zu leistende Emotionsarbeit zu nennen sind. Die beschriebenen Belastungsstudien zeigen aber auch positive Bedingungen auf, also Ressourcen, auf die die Erzieherinnen zurückgreifen können, um die anfallenden Aufgaben gelingend bewältigen zu können. Für gezielte Präventionsmaßnahmen im Rahmen der betrieblichen Gesundheitsförderung sind diese Aspekte von besonderer Bedeutung. So belegt die Untersuchung von Schaarschmidt (2005), dass 60% der Erzieherinnen einen gesundheitsförderlichen Stressbewältigungsstil aufweisen. Einerseits gehen sie neue Herausforderungen aktiv und realistisch an und können sich im Anschluss gut erholen und distanzieren (entsprach dem Muster G – Gesundheit), andererseits zeigen sie, bezogen auf die Arbeit, ein eher reduziertes Engagement und eine Lebenszufriedenheit, die stärker aus dem Privatleben resultiert (entspricht Muster S – Schonung). Seibt et al. (2005) haben die gesundheitlichen Risiko- und Schutzfaktoren bei Beschäftigten in Kindertagesstätten in einer Übersicht zusammengestellt (Tabelle 8).

Die Übersicht verdeutlicht, Stressoren können zwar nicht immer selbst bewältigt werden, jedoch bietet der Erzieherberuf vielfältige Möglichkeiten der Kompensation von Belastungen. Der hohe berufsspezifische Handlungsspielraum, die ausgeprägten Freiheitsgrade bezüglich der Arbeitsabläufe und der Arbeitsinhalte werden von fast allen Studien bestätigt.

Einen besonderen Beitrag einrichtungsübergreifender Gesundheitsförderung legte die Arbeitsgruppe um Seibt et al. (2005) vor.

Tabelle 8: Gesundheitliche Risiko- und Schutzfaktoren
(Seibt et al. 2005, 102; modifiziert)

Bereich	Risikofaktoren	Schutzfaktoren
Beruf	• Stärkste berufliche Belastungsfaktoren: Lärm (82 %), keine ergonomischen Möbel (58 %), Konflikte mit den Erziehungsberechtigten (47 %) • Zwangshaltungen während der Arbeit (z. B. Knien und Bücken 77 %) • Kaum Zeiten für kleine Erholungspausen	• Nach Selbsteinschätzung gute (50 %) und sehr gute (27 %) Arbeitsfähigkeit • Verhältnis zwischen Aufwand und resultierender Anerkennung wird als positiv erlebt • Charakterisierung der Arbeit als anspruchsvoll mit vielen Möglichkeiten der Gestaltung • Teamarbeit
Person	• Keine regelmäßigen Mittagspausen (40 %), Raucher (25 %), Krankheiten richtig auskurieren (36 %)	• Abwechslungsreiche und ausgewogene Ernährung, aktive Freizeitgestaltung, sportliche Betätigung (73 %), gute Erholungsfähigkeit
Gesundheit	• Erkrankungen des Stütz- und Bewegungsapparates (50 %), Hormon- und Stoffwechsel (18 %) • Häufigste Beschwerden: Nacken und Rücken (62 %), Erschöpfung, Müdigkeit (46 %) • Risikofaktoren für Herz-Kreislauf-Erkrankungen: Übergewicht (64 %), Hypertonie (33 %)	• Kein Burnout-Risiko (89 %), guter vitaler Zustand

Untersucht wurde der Einfluss von Gesundheitszirkeln in sächsischen Kindertagesstätten. Aufgabe solcher Zirkel ist es, Belastungen zu erfassen, Lösungsvorschläge zu erarbeiten und auch umzusetzen. Aus den Ergebnissen war zu entnehmen, dass erwartungsgemäß die strukturellen Arbeitsbedingungen (Personalschlüssel und Pausenzeiten) nicht zu verbessern waren, hingegen die Anzahl arbeitsbedingter Beschwerden zwischen den zwei Messzeitpunkten abnahm. Die 78 befragten Erzieherinnen zeigten eine subjektiv verbesserte Erholungsfähigkeit und eine aktivere Freizeitgestaltung. Es gelang jedoch nicht, eine Verringerung der Krankheitsprävalenz statistisch signifikant nachzuweisen. Mit den Rahmenbedingungen, der Moderation und der Zusammensetzung des Gesundheitszirkels waren die befragten Teilnehmer und Teilnehmerinnen zufrieden. Die Autoren leiten hieraus ab, dass sich das Konzept des Gesundheitszirkels sowohl für die Berufsgruppe als auch für die Betriebsart eignet. Vorrangige Themen in den Gesundheitszirkeln waren die Sensibilisierung für die eigene Gesundheit sowie das Erlernen von Maßnahmen der Stressreduktion. Ein von den Autoren initiiertes Netzwerk zur Gesundheitsförderung in Kindertagesstätten lieferte bedeutsame Impulse zur Vernetzung und zum fachspezifischen Austausch.

Die Durchführung von Gesundheitszirkeln im Arbeitsumfeld Schule regt auch Rudow (2004) an. Er präferiert dauerhafte Kleingruppen, in der Lehrer und Lehrerinnen einer Schule in regelmäßigen Abständen auf freiwilliger Basis zusammenkommen, um unter der Anleitung eines Moderators, der mit Hilfe spezieller Problemlösungs- und Kreativitätstechniken Lösungsvorschläge erarbeitet und präsentiert, Themen des eigenen Arbeitsbereiches und der eigenen Schule zu analysieren. Die Vorschläge sollten selbstständig oder auf dem Instanzenweg umgesetzt werden, die Ergebnisse bedürfen der Kontrolle.

Arbeitszeitmodelle, Unternehmenskultur

Noch einmal zur Gruppe der Lehrkräfte: Die Arbeitszeit der Lehrer stand von jeher in der öffentlichen Kritik. Nicht selten wird dieser Berufsstand als «Halbtagsjobber» bezeichnet. Die Arbeitszeit der Lehrkräfte in Deutschland wird über das sogenannte Pflichtstundenmodell der zu erteilenden Unterrichtsstunden gesteuert. Landes- und schulformspezifisch variiert die Anzahl der Pflichtstunden zwischen 23 und 28 Stunden pro Woche. Dabei handelt es sich um die reine Unterrichtszeit vor der Klasse. Über die weitere Arbeitszeit verfügen Lehrkräfte weitgehend eigenverantwortlich. Ein derartiges Pflichtstundenmodell weist jedoch auch deutliche Mängel auf, denn es vermag die außerunterrichtlichen Arbeitstätigkeiten nicht umfassend abzubilden. Im Gegensatz zu anderen europäischen Ländern (z. B. die Niederlande oder England) ist Deutschland eines der wenigen europäischen Länder, in dem die Unterrichtsverpflichtung als zentrales Steuerungselement der Arbeitszeit immer noch dominiert. Während die Niederlande die Arbeitszeit ihrer Lehrkräfte über ein Jahresarbeitszeitmodell erfassen, legt England allein die Anwesenheitsstunden an der Schule fest (vgl. Dorsemagen et al. 2007, 228). Es stellt sich die Frage: Welche Beschreibung der Lehrerarbeitszeit ist zeitgemäß?

Dorsemagen et al. (2007, 230) nennen 14 Kriterien, an denen sich Arbeitszeitregelungen messen lassen: Qualität der pädagogischen Arbeit, neue Unterrichtskonzepte, Transparenz nach außen, Verlässlichkeit von Schule, Kommunikation und Kooperation, Qualität des sozialen Klimas, Arbeitszeitgerechtigkeit, Transparenz nach innen, Begrenzung der Arbeitszeit, gleichmäßige Verteilung der Arbeit, Trennung von Arbeit und Freizeit, persönliche Zeitsouveränität, Setzen von Aufgabenschwerpunkten, angemessener Verwaltungsaufwand.

Auf der Basis dieser Kriterien soll eine differenzierte Bewertung verschiedener Formen der Organisation und Regelung von Arbeitszeit an Schulen ermöglicht werden. Die Qualität der pädagogischen Arbeit lässt sich anhand des Erreichens von Unterrichtszielen und durch die Überprüfung von Lernfortschritten ermitteln. Neue Unterrichtskonzepte haben den 45-Minuten-Takt in der Schule mehr und mehr zugunsten eines fächerübergreifenden, projekt- oder themenorientierten Unterrichtens und Lernens abgelöst. Da es außenstehenden Beobachtern schwerfällt, die restlichen 60% der außerunterrichtlichen Arbeitszeit wahrzunehmen, ist mehr Transparenz und Öffentlichkeitsarbeit zur Anerkennung des Lehrerberufes notwendig. Über Arbeitszeitregelungen kann der Einsatz der Lehrkräfte flexibler gesteuert werden – eine Maßnahme, die in der Öffentlichkeit ein verlässliches Bild der Schule erzeugt. Neue Arbeitszeitregelungen können darüber hinaus als soziale Unterstützung am Arbeitsplatz wahrgenommen werden und ein positives Sozialklima bewirken. Im Pflichtstundenmodell sind Kommunikation und Kooperation innerhalb des Kollegiums häufig sehr stark eingeschränkt. In der Diskussion um die Arbeitszeit der Lehrkräfte spielt Arbeitszeitgerechtigkeit, das heißt die Forderung nach einer gerechten Verteilung der zeitlichen Arbeitsbelastung, eine zentrale Rolle. Das Kriterium Transparenz nach innen zielt auf die Nachvollziehbarkeit der Arbeitsleistung einzelner Lehrkräfte durch die übrigen Mitglieder des Kollegiums ab. Eine Begrenzung der Arbeitszeit ist in den letzten Jahren insbesondere vonseiten der Gewerkschaften gefordert worden. Ausschlaggebend waren empirische Untersuchungen, welche die hohe zeitliche Belastung vieler Lehrkräfte nachweisen konnten. Entscheidend hierfür sind strukturelle Veränderungen, wobei insbesondere außerunterrichtliche Aufgaben in deutlichem Ausmaße zugenommen haben. Aus arbeitsmedizinischer Sicht ist eine gleichmäßige Verteilung der Arbeit anzuraten; hingegen sind die Lehrkräfte häufig bestrebt, die zu erteilenden Unterrichtsstunden in möglichst kurzen Anwesenheitszeiträumen in der Schule zusammenzudrängen. Da Lehrkräfte einen nicht unerheblichen Teil ihrer Arbeit am häuslichen Arbeitsplatz erledigen, ist die Trennung von Arbeit und Privatleben von besonderer Bedeutung. Das Kriterium der persönlichen Zeitsouveränität verschafft den Beschäftigten Gestaltungsspielräume in Bezug auf die Dauer und den Ort der Arbeitszeit und kann zu einer besseren Vereinbarkeit von Arbeit und Freizeit bzw. Familie und Partnerschaft führen. Auch die Möglichkeit der Wahl zwischen Arbeitsschwerpunkten führt zu einem Zuwachs an Kontrolle über die eigenen Arbeitsbedingungen. Als letzter Punkt im Katalog der Kriterien zur Bewertung von Arbeitszeit an Schulen ist folgender zu nennen: Ein Pflichtstundenmodell ermöglicht eine einfache und unbürokratische Planung und Kontrolle der Lehrerarbeitszeit, wohingegen bei alternativen Arbeitszeitregelungen aufgrund der Dokumentationspflicht der Arbeitszeiten ein erheblich höherer bürokratischer Arbeitsaufwand entsteht, der als belastend erlebt wird.

Alternative Formen der Organisation von Arbeitszeit an Schulen lassen sich in Anlehnung an Dorsemagen et al. (2007, 239) wie folgt detailliert aufweisen:

Fächerdifferenzierung: Berücksichtigung des Faches bei der Bemessung der Unterrichtsverpflichtung, da sich der zeitliche Aufwand für Vor- und Nachbereitung je Fach unterscheidet. Konsequenz ist eine unterschiedliche Lehrverpflichtung je nach Unterrichtsfach.

Kooperationszeit: Anwesenheitsverpflichtung über die Unterrichtsverpflichtung hinaus; diese Zeit wird für gemeinsame Tätigkeiten genutzt (z. B. Lehrerkonferenzen). In der Regel werden hierfür 2–4 Stunden wöchentlich beansprucht.

Präsenzzeiten: Vorgesehen ist hierbei die tägliche Anwesenheit über die Unterrichtsstunden hinaus. Anwesenheitsverpflichtung plus Unterrichtsstunden können bis zu 35 Wochenstunden betragen. Die über die Unterrichtsstunden hinausgehenden Zeiten der Anwesenheitsverpflichtung sind vorgesehen für Absprachen im Kollegium, Dienstbesprechungen, Elterngespräche und Verwaltungsarbeit, die zuvor zu Hause erledigt wurde.

Jahresarbeitszeit: Das Pflichtstundendeputat wird durch die Jahresarbeitszeit abgelöst. Diese bildet sich aus der Gesamtheit aller zu erledigenden Aufgaben.

Schulautonomie: Die Entscheidungsbefugnis über die Verwendung der Lehrerarbeitszeit liegt in den Händen der Schule selbst. Den einzelnen Schulen wird ein pauschales Kontingent an Lehrerarbeitszeit zugewiesen, worüber sie autonom verfügen kann.

Wie bewerten Lehrkräfte die alternativen Formen der Arbeitszeit an Schulen? Das Autorenteam der Freiburger Arbeitszeitstudie (Dorsemagen et al. 2007) konnte keine eindeutigen Ergebnisse vorlegen. Jegliche Veränderung der Arbeitszeit verursacht offensichtlich bei Lehrkraften eine große Sorge um weitere zusätzliche Arbeitsbelastungen. «Ferner scheinen viele Lehrkräfte der Meinung zu sein, dass eine Verbesserung der aktuellen Arbeitssituation nicht über eine Veränderung der Organisation von Arbeitszeit, sondern lediglich über eine Reduktion der wöchentlichen Unterrichtsverpflichtung zu erreichen ist» (Dorsemagen et al. 2007, 244).

Im Rahmen der institutionellen Interventionen sollen die vielfältigen und fortschrittlichen Ansätze in den Niederlanden nicht
unerwähnt bleiben. Einen Überblick geben Schaufeli/Kompier
(2001). In den Niederlanden existieren sowohl eine nationale
Gesetzgebung als auch eine nationale Infrastruktur zur Messung, Prävention und Behandlung von Arbeitsstress, Burnout
und anderen psychosozialen Risiken des Arbeitsprozesses. 1999
wurde ein Gesetz mit dem Ziel erlassen, mentale und psychische
Gesundheit sowie das Wohlbefinden der arbeitenden Bevölke-
rung zu schützen und zu verbessern. Private Organisationen
helfen bei dieser Aufgabe. 95% aller niederländischen Firmen
verfügen über Verträge mit derartigen privaten Institutionen.
Ein neuer Berufsexperte wurde geschaffen, dessen Aufgabe die
psychosoziale Beratung der Organisation ist. Bis 1995 wurden
allein vier Projekte zur Erprobung von Arbeitsstressreduktions-
programmen in Produktionsfirmen und verschiedenen Gesund-
heitsinstitutionen durchgeführt. Darüber hinaus wurde ein
Handbuch mit differenzierten Empfehlungen zum Zwecke der
Prävention und Stressreduktion entwickelt. Auch für den Bereich der Forschung sind die Niederlande als beispielhaft zu
nennen (vgl. ausführlich Rösing 2003, 118–119). 1996 wurde
ein achtjähriges Verbund-Forschungsprogramm initiiert. Wilmar Schaufeli ist einer der Initiatoren dieses Programms. Die
Beratungsfirmen bieten Dienstleistungen an, die von der Beratung bei der Gestaltung von Arbeitsplätzen über die Durchführung von Mitarbeiterbefragungen bis hin zu Individualberatun-
gen reichen. Das Gesamtprojekt findet aufgrund der Kosten bei
den Arbeitgebern offensichtlich wenig Anklang. Erste Untersuchungen (vgl. Schaufeli/Kompier 2001) zeigten jedoch, dass
Maßnahmen der Burnout-Prävention zum Beispiel über die Verringerung von Fehlzeiten oft kostengünstiger sind. Bemerkenswert ist allerdings, dass gerade in den Niederlanden, wo ein gu-
tes Arbeitsklima Tradition hat, Stressniveau und Fehlzeiten relativ hoch sind. Möglicherweise, so die Hypothese der Autoren,
fördert die erhöhte Aufmerksamkeit das Phänomen, statt es zu
reduzieren.

Burisch (2006, 252) berichtet von firmeneigenen Hilfsangeboten, die sich den Themen Gesundheit, Ehe, Familie und Stress widmen. Maslach/Leiter (2001, 122–134) geben ein Beispiel zur Verbesserung der Unternehmenskultur aus dem Metropolitan Hospital in den USA. Der Prozess des Aufbaus der Identifikation mit der Arbeit begann mit der Erstellung eines Managementplans und wurde durch gemeinsame Projekte in Schlüsselbereichen des Unternehmens realisiert. Eine Umfrage ermittelte zunächst Bereiche, in denen es zu einem Missverhältnis zwischen menschlichen Belangen und Arbeitsanforderungen kommt. Projektgruppen entwickeln anschließend Initiativen, um in diesen Bereichen Änderungen herbeizuführen. Der Prozess der Implementierung gestaltet sich sehr schwierig, da er nur langfristig realisierbar und häufig an überhöhte Erfolgserwartungen gebunden ist. Ziel ist es, die Praktiken und Strukturen zu verändern, die das Arbeitsleben der Belegschaft beeinflussen.

Betrachten wir den Prozess der Innovationen im Detail! Das Metropolitan Hospital, ein Krankenhaus mit 750 Betten, 3500 Vollzeitkräften und 500 Teilzeitkräften, war in der Vergangenheit sehr direktiv geführt worden. Bei Übernahme durch einen neuen Manager erging die klare Anweisung seitens des Vorstandes, eine schlankere und flexiblere Managementstruktur zu entwickeln und der Qualität besondere Beachtung zu schenken. Dies bedeutete, das Management von zwei Standorten in ein einziges Team umzuwandeln, Arbeitsgruppen mit Patientenkontakt zu entwickeln, die ehemalige Managementaufgaben übernehmen sollten, und schließlich die Identifikation des gesamten Personals mit der Arbeit zu fördern, um eine qualitativ hochwertige Krankenpflege realisieren zu können. Insbesondere das mittlere Management war in diesem Prozess um die Sicherheit der Arbeitsplätze besorgt, da eine Zielvorgabe die Verringerung der Anzahl von Fachkräften in diesem Bereich betraf. Es wurden Projektgruppen für Qualitätsmanagement und Personalmanagement gebildet. Ziel war die Qualitätssteigerung. Es wurde eine Personalumfrage durchgeführt, um Einstellungen zum Dienstleistungsberuf zu ermitteln. Die Umfrageergebnisse zeigten einen bedeutsamen Zusammenhang zwischen Arbeitsumfang und Erschöpfung auf. Darüber hinaus wies eine unstrukturierte Frage darauf hin, dass sich das Personal in der emotionalen Unterstützung der Patienten nicht angemessen gewürdigt fühlte. Daraufhin wurde eine Projektgruppe gegründet, um die Dokumentation des Pflegedienstes zu analysieren. Als Resultat wurde in der Patientendokumentation eine Spalte aufgenommen, in der angegeben werden konnte, ob ein Patient mehr Unterstützung brauchte, als bei dieser Diagnose zu erwarten war. Das Vertrauen des Pflegepersonals in das System wurde so gestärkt, wirkte sich auf die Identifikation mit der Arbeit, auf Engagement und Leistungsfähigkeit aus. Darüber hinaus wurden intensive Schulungen durchgeführt.

Die Umfrage enthielt ein weiteres bedeutsames Ergebnis: Das Personal fühlte sich zu wenig in Entscheidungsprozesse ihrer Abteilungen eingebunden. Im Rahmen der administrativen Neuorganisation wurde ein Feedbackprogramm gestartet, bei dem die Leitungskräfte von ihren Mitarbeitern und Mitarbeiterinnen Rückmeldung erhielten. Die Umfragekritik des Personals wies auch auf starke Schwächen im Kommunikationssystem der Organisation hin. Viele Informationen erhielt das Personal informell und nicht über die offiziellen Publikationen der Organisation. Eine Projektgruppe analysierte die Kommunikationsstrategien des Krankenhauses. Es wurden eine Reihe von Empfehlungen zur Form der Nachrichtenübermittlung entwickelt: offene Treffen, elektronische Medien, Printmedien. Die Empfehlungen waren darauf ausgerichtet, einen stärkeren Gemeinschaftssinn im Krankenhaus zu entwickeln. Die Umfrage ermittelte zentrale Werte des Krankenhauses: «Patientenpflege auf höchstem Niveau, offene und aufrichtige Kommunikation, Respekt unter den Menschen und lebenslanges Lernen» (Maslach/Leiter 2001, 132).

Ziel des Interventionsprozesses war die Steigerung der Qualität des Unternehmens und zugleich Burnout-Prävention. Eineinhalb Jahre nach Abschluss der Umfrage wurde das Metropolitan Hospital zu einer Fusion mit einem anderen großen städtischen Krankenhaus gezwungen. Dies führte zu weiteren Umbrüchen sowohl der Managementstruktur als auch in der alltäglichen Arbeit des Personals. Die eingeführten Innovatio nen trugen dazu bei, die neuen Krisen zu bewältigen. Die Autoren halten als Fazit fest, dass Unternehmensstrategien, die auf Kooperation und Harmonie zwischen Management und Personal ausgelegt sind, den Schlüssel zur Burnout-Prävention darstellen. Leider scheint es derartige Programme, obwohl sich die dafür notwendigen Ausgaben rasch amortisieren, nur in den USA und nicht in Europa zu geben. Nach der Analyse von über 30 Ansätzen zur Burnout-Intervention bzw. -Prävention ziehen Schaufeli/Enzmann (1998, 182 f.) eine ernüchternde Bilanz:

«Beispielsweise sind die meisten Interventionen sehr allgemein und nicht für Burnout maßgeschneidert. Weiter gibt es nur wenige gut geplante Studien, die die Wirksamkeit von Interventionen dokumentieren. Auch liegt der Fokus stark auf dem Individuum, organisationsbezogene Interventionen sind rar.»

Soziale Unterstützung

Soziale Unterstützung ist eine Alternative zur professionellen Hilfe. Sie wird als Botschaft verstanden, «die dem Empfänger das Gefühl verleiht, dass er beachtet und geliebt, geschätzt und für einen wertvollen Menschen gehalten wird und dass er an einem Netzwerk von Kommunikationen und wechselseitigen Verpflichtungen teilhat» (Pines et al. 2006, 144). Sie umfasst:

- Personen z. B. Partner, Freunde, Verwandte,
- Tiere: insbesondere Haustiere,
- Tätigkeiten: z. B. eine Bekannte anrufen, Hobby,
- Ideen: z. B. Religionen,
- Orte: z. B. Stammkneipe,
- Gegenstände: z. B. Briefmarkensammlung.

Soziale Unterstützung bezieht sich im Detail auf emotionale Unterstützung, auf Unterstützung beim Problemlösen und auf materielle Unterstützung. In der skizzierten Form kann soziale Unterstützung viele Funktionen übernehmen: Befriedigung sozialer Bedürfnisse, Schutz vor Belastungen, adäquater Umgang mit und Verarbeitung von Belastungen. Nachfolgender Fragebogen zur sozialen Unterstützung in Anlehnung an Sommer/Fydrich (1989, zit. nach Fengler 2001, 221) scheint für den Selbstversuch geeignet:

1. Von welcher Person können Sie jederzeit Hilfe in Anspruch nehmen?
2. Wer würde auch große Anstrengungen auf sich nehmen, um Ihnen zu helfen?
3. Wer mischt sich ständig in Ihre Angelegenheiten ein?
4. Wer löst sehr häufig unangenehme Gefühle in Ihnen aus?
5. Wem können Sie hundertprozentig vertrauen?
6. Von wem fühlen Sie sich ausgenutzt?

Bei der Anwendung eines sinnverwandten Fragebogens in einem Seminar zur Belastung in helfenden Berufen machte Fengler (2001) als Hochschullehrer und Klinischer Psychologe die Beobachtung, dass Teilnehmer und Teilnehmerinnen bei Fragen zu ihren sozialen Unterstützungssystemen eine sehr große Verlegenheit zeigten, während sie bei anderen Fragebögen zu Belastungssituationen ohne Zögern bereit waren, Auskünfte zu geben. Die Artikulation des eigenen Hilfe- und Unterstützungsbedarfs stellt offensichtlich eine besondere Schwierigkeit dar.

Supervision

Supervision definiert sich nicht als Therapie, Ziel ist die berufsbezogene Selbstreflexion. Dementsprechend konzentriert sich der Fokus der Supervision auf das professionelle Ich der zu supervidierenden Personen. Ziel ist es, neue Handlungsspielräume zu eröffnen. Alternative Handlungspläne werden z. B. mit Rollenspielen oder anderen Trainingsmethoden in der Praxis erprobt. Damit der Supervisionsprozess sinnvoll verlaufen kann, ist es notwendig, dass er freiwillig begonnen und durchgehalten wird. Für eine sinnvolle Praxisreflexion ist es unabdingbar, dass sie nicht durch den Vorgesetzten erfolgt, sondern durch eine externe oder andere Person. Ansonsten bestehen hohe Abhängigkeiten, die im Widerspruch zur notwendigen Unabhängigkeit des Beratungsprozesses liegen. Die Finanzierung läuft häufig unter Eigenbeteiligung, da der Besuch unter diesen Umständen

wohl konstanter erfolgt als im Falle eines kostenlosen Ange-
botes durch den Dienstherrn. Ein Überblick über die Arbeits-
felder, in denen Supervision stattfindet, sieht in Anlehnung an
Fengler (2001, 227) wie folgt aus:

Tabelle 9: Supervision in verschiedenen Arbeitsfeldern
(Fengler 2001, 227; modifiziert)

Supervisanden	Thema der Supervisionsarbeit
Lehrer, Erzieher	Schüler, Eltern, Lehrplan, Kollegium, Schulbehörde, Träger
Sozialarbeiter, Sozialpäda-gogen	Klienten, Kollegen, Gericht, Jugendamt, Beratungs-stelle, Arbeitsamt, Arbeitgeber
Justizangehörige	Gefangene, Kollegen, Verwaltung, Leitung, Ministe-rium
Vorgesetzte	Mitarbeiter, Kollegen, Geschäftsführung, Behörden, Kunden
Dozenten	Studenten, Kollegen, Verwaltung, Ministerium
Ärzte, Krankenpflegeper-sonal	Patienten, Psychologen, Angehörige, Kollegen, Verwaltung
Psychologen	Klienten, Kollegen, Träger, Öffentlichkeit
Psychotherapeuten	Klienten, Kollegen, Institutionen, Träger

Ob die Supervision als positiv oder negativ empfunden wird,
entscheidet der Supervisand. Wahrgenommene Kompetenz,
Glaubwürdigkeit, Förderung der persönlichen Entwicklung,
unterstützende Haltung, klares Feedback und emotionale Wärme sind Merkmale, die an Supervisoren besonders geschätzt
werden. Empirische Ergebnisse (vgl. Fengler 2001, 233) weisen
darauf hin, dass Supervisanden von ihren Supervisoren sowohl
praktisch-kollegiale Anstöße als auch therapieartige Hilfestellungen erwarten. So ist Supervision als Maßnahme gegen Burnout ausgewiesen.
    Der Supervisionsarbeit können in der Praxis sehr unterschied-
liche theoretische Vorstellungen zugrunde liegen:

1. Die gruppendynamische Supervision arbeitet heraus, welche Gruppenprozesse im Einklang mit den Sachzielen des Supervisanden stehen, und entwickelt Handlungsalternativen.
2. Die psychoanalytisch konzipierte Balint-Gruppe ist darauf ausgerichtet, die unbewussten Gefühle des Supervisanden seiner Zielgruppe gegenüber sichtbar werden zu lassen.
3. Die klientzentrierte Supervision konzentriert sich auf eine lebendige Begegnung zwischen Supervisand und Zielgruppe unter Betonung der Bedeutung von Verstehen, Akzeptieren und echter Begegnung.
4. Die gestalttherapeutische Supervision hat zum Ziel, Arbeitsprobleme als Blockierungen des Supervisanden zu erkennen und abgespaltene Erlebnisse zu reintegrieren.
5. Die organisationstheoretische Supervision ist vorrangig auf die Bewältigung von Konflikten ausgerichtet, die zwischen Bedürfnissen und Positionen von Personen bzw. Aufgaben und Tätigkeiten von Personen innerhalb von Organisationen auftreten.
6. Die verhaltenstherapeutische Supervision korrigiert den vom Supervisanden vorgelegten Modifikationsplan im Hinblick auf Verhaltensanalyse, Verstärkerauswahl und Setzung von Konsequenzen (Fengler 2001, 228–229).

Unter der Bezeichnung «Kooperative Beratung» hat Mutzeck (2005) ein Verfahren kollegialer Supervision entwickelt, das eine weite Verbreitung erfahren hat. Dem Beratungsansatz liegen ein humanistisches Menschenbild und subjektive Theorien als Handlungsmodell zugrunde. Ziel ist es, eine verstehende, symmetrische und kooperative Interaktion in Einzel- und Gruppenberatung aufzubauen. Kollegiale Supervision nimmt ihren Beginn als außengesteuerte Supervision unter fachkundiger Leitung. Der Supervisionsprozess wird dann anschließend in eine durch Gruppenmitglieder selbst geleitete Form überführt. So ausgerichtet, nimmt diese Supervisionsvariante präventive, intervenierende und kurative Funktionen wahr und fokussiert schwierige bzw. gestörte Interaktionsprozesse im Berufsalltag.

Auf der Grundlage seiner eigenen Praxiserfahrungen fasst

Heidenreich (1995) die Möglichkeiten der schulischen Supervision für Lehrer und Lehrerinnen wie folgt zusammen:

- Stärkung der Selbst- und Fremdwahrnehmung, Erweiterung der empathischen Fähigkeiten
- Finden und Erproben alternativer Handlungsstrategien im Schonraum der Supervisionsgruppe
- Einleiten von Veränderungen beruflichen Handelns
- Reflexion der Ausgestaltung der Berufsrolle vor dem Hindergrund der eigenen Lebens- und Lernbiografie (vgl. ausführlich Hedderich 1997, 116–118)

Die Supervisionsangebote beziehen sich dabei auf konkrete Arbeitssituationen, berufliche Konflikte, Rollen- und Identitätsprobleme am Arbeitsplatz.

Ein weiteres Beispiel aus dem schulischen Kontext gibt Hagemann (2003, 272–283) nach Gabriele Enders wieder, die selbst 20 Jahre als Lehrerin arbeitete und Supervision insbesondere in den ersten Berufsjahren als unschätzbaren Wert empfand. Dem Bericht ist zu entnehmen, dass Supervision selbst im 21. Jahrhundert noch kein fester Bestandteil der Lehrerausbildung ist. Die Zahl der Lehrkräfte, die Supervisionsgruppen als Erweiterung ihrer Handlungskompetenz und zur Unterstützung ihres pädagogischen Alltags nutzen, ist nach wie vor sehr gering. Diejenigen Lehrkräfte, die sich für die Teilnahme an einer Supervisionsgruppe entschieden haben, äußern sich sehr vielseitig über ihre Motive (Hagemann 2003, 274):

- um Burnout vorzubeugen,
- weil sie Betroffenheit verspüren,
- um Zeit für kollegialen Austausch zu haben,
- zur bewussten Entlastung der Familie von beruflichen Problemen,
- um den eigenen pädagogischen Anspruch zu reflektieren.

Der klassische Arbeitsplatz vieler Lehrkräfte ist das alleinige Unterrichten vor der Klasse. Teamarbeit entwickelt sich erst in wenigen Schulformen. Erfahrungen mit integrativem Unterricht berichten häufig von Konkurrenz. Zu diesem Themenfeld zeigt

ein Beispiel von Gabriele Enders (wiedergegeben von Hagemann 2003, 280–282) eindrucksvoll die Chancen von Supervision. In der Supervisionsgruppe des Kollegiums werden neue
Formen des Umgangs miteinander ausprobiert. Konflikte lassen
sich im direkten Kontakt bearbeiten.

«Mir macht die Arbeit Spaß, und ich investiere viel Zeit, bin auch
schon mal nachmittags im Werkraum, um Unterricht vorzubereiten.
Langsam habe ich aber das Gefühl, ich werde ausgegrenzt. Informationen werden nicht an mich weitergegeben, vorbereitete Materialien
verschwinden. Jetzt ist mir aufgefallen, dass der kleine Bruder einer
meiner Schülerinnen bei einer Kollegin die erste Klasse besucht, die
schon seit 25 Jahren an dieser Schule ist. Die Eltern haben bei ihr
von meinem Unterricht geschwärmt, und ich glaube, sie kann es
nicht ertragen. Ich wage es aber nicht, sie darauf anzusprechen, sie
hat sehr viel Macht im Kollegium.» (Hagemann 2003, 281)

In der Supervision wurden Lösungsmöglichkeiten für den Umgang mit der älteren Kollegin erarbeitet. In einer Rollenspielsi-
tuation wurden die Ängste der älteren Kollegin erfahrbar ge-
macht. In den darauffolgenden Wochen befragte sie die ältere
Kollegin nach ihren Erfahrungen, von denen sie profitieren
konnte. So konnte sich eine gute Zusammenarbeit etablieren.

Mit Sicherheit ließe sich in allen helfenden Berufen Supervision einführen. Allerdings bietet selbst die bestfunktionierende
Supervision keine Garantie gegen Burnout. Zu diesem Ergebnis
gelangten Studien bereits in den 1980er-Jahren (Beemster-
boer/Baum 1984).

Trainingsprogramme: Stressbewältigung, Anti-Burnout

Wenn es einen engen Zusammenhang zwischen Burnout und
negativem unbewältigtem Stress gibt, dann sind Stressbewältigungsprogramme bedeutsam. Sie können sich entweder als organisationsbezogene oder als individuelle Maßnahmen definieren und lassen sich somit in beide Gruppen der getroffenen Systematik einordnen. In großen Organisationen werden derartige

Programme häufiger angeboten als in Klein- und Mittelbetrieben. Sehr selten sind Angebote des Stressmanagements in Institutionen des öffentlichen Dienstes anzutreffen. Anzumerken ist, dass derartige Programme von professionellem Personal durchgeführt werden sollten. Im Folgenden werden drei Stressbewältigungsprogramme vorgestellt.

Stressbewältigung – Trainingsmanual zur psychologischen Gesundheitsförderung von Kaluza (2005)

Der Autor ist psychologischer Psychotherapeut und Leiter des GKM-Institutes für Gesundheitspsychologie in Marburg a. d. Lahn. Das Programm ist nicht auf eine spezielle Zielgruppe ausgerichtet, der Autor verfügt über Erfahrungen in der Kursdurchführung sowohl bei Führungskräften aus Wirtschaft und Verwaltung als auch in der Fortbildung und Supervision von Angehörigen von Gesundheitsberufen auf dem Gebiet der psychologischen Gesundheitsförderung. Das Programm besteht aus fünf Basismodulen (einschließlich eines Einstiegsmoduls) und fünf Ergänzungsmodulen. Alle Trainingsmaterialien des Anhangs werden zusätzlich als CD-ROM geliefert. Das Manual ist für Kursleiter gedacht, die zuvor eine Fortbildung über die Deutsche Psychologenakademie in Bonn zu absolvieren haben. Dies ist die obligate Voraussetzung für die Durchführung des Programms im Auftrag von gesetzlichen Krankenkassen. Die Effekte, so der Autor, wurden in zwei kontrollierten Interventionsstudien evaluiert. Sie sind insbesondere in einer qualitativen Veränderung des selbsterlebten Bewältigungsverhaltens zu sehen. Zunächst wird wichtiges Hintergrundwissen aus der Stressforschung referiert. Auf dieser Grundlage beschäftigen sich vier Trainingsmodule einschließlich des Einstiegsmoduls mit folgenden Themen:

* Einstiegsmodul: Informationen zum Phänomen Stress, Erwartungen und Befürchtungen der Kursteilnehmer
* Trainingsmodul 1: Entspannungstraining
* Trainingsmodul 2: Kognitionstraining zum Erkennen von Stressverstärkern

- Trainingsmodul 3: Problemlösungstraining (Stresssituationen wahrnehmen, annehmen und verändern)
- Trainingsmodul 4: Genusstraining (erholen und genießen)

In den Ergänzungsmodulen werden jeweils einzelne Strategien der Stressbewältigung thematisiert: sozialer Rückhalt, Zielklärung, Zeitplanung, Notfallstrategien. Konzipiert ist das Programm als Gruppentraining mit 12 bis 16 wöchentlich stattfindenden Trainings. Für die einzelnen Trainingsmodule werden jeweils Ziele, Methode und Informationen zur praktischen Durchführung angegeben.

Burnout-Prävention – Das-Neun-Stufen-Programm zur Selbsthilfe von Bergner (2007a)

Dieses Programm richtet sich speziell an die Adresse der Ärzte und Pflegeberufe. Bergner ist selbst Arzt (Dermatologe und Allergologe) und coacht darüber hinaus seit einem Jahrzehnt Ärzte mit Burnout. Im Gegensatz zum bereits vorgestellten Programm versteht sich dieses Werk als «persönlicher Coach», als Selbstdiagnostik zur Selbsthilfe. Das Buch steht im Kontext eines weiteren Werkes des Autors (Bergner 2007b): «Burnout bei Ärzten – Arztsein zwischen Lebensaufgabe und Lebens-Aufgabe». Hier wird Burnout im Kontext der berufsspezifischen Faktoren – Medizinstudium, Honorarsystem und Krankenhausstruktur – erläutert. Das Präventionsprogramm besteht aus neun Stufen:

- Stufe 1: Zeitsouveränität (Terminmanagement)
- Stufe 2: Eigenbestimmtheit (Eigenverantwortung/Fremdbestimmtheit)
- Stufe 3: Zufriedenheitskonstanz (Zufriedenheit/Unzufriedenheit im Alltag)
- Stufe 4: Stresstoleranz (Wege: Zustimmung, Verlassen, Anpassung, Einverständnis)
- Stufe 5: Dyadenkompetenz (emotional kompetente Führungskompetenz)
- Stufe 6: Situationstoleranz (Umgang mit Unveränderlichem)
- Stufe 7: Rollensicherheit (Beruf/Leben)

- Stufe 8: Zielerkenntnis (Opferrolle/eigene Bedürfnisse)
- Stufe 9: Sinnannäherung

Zentrum des Programms sind das Erkennen und der Abbau von Stress, Termin- und Zeitdruck sowie die Vermittlung aufbauender Inhalte (Zufriedenheit, Eigenbestimmtheit und emotionale Kompetenz). Darüber hinaus erfolgt eine Konzentration auf Rollen, tatsächliche Ziele, Umgang mit Veränderlichem, Sinnannäherung. Das Programm ist verhaltenstherapeutisch ausgerichtet. Die zahlreichen Übungen und Tests beinhalten Fragen zur Selbsteinschätzung. Darüber hinaus empfiehlt der Autor, ein Notizbuch anzulegen und es «Burnout-Präventionsbuch» zu nennen. Die Lösungen des Buches tragen zum Aufbau eines individuellen Programms gegen Burnout bei.

Stressmanagement für Lehrerinnen und Lehrer. Ein Trainingsbuch mit Kopiervorlagen, hrsg. von Kretschmann (2006)

Auch dieses Programm hat, wie das bereits erläuterte Werk von Kaluza, eine Einführung in den Stressbegriff zum Ausgangspunkt. Kretschmann ist als Hochschullehrer im Fachbereich Bildungs- und Erziehungswissenschaften an der Universität Bremen tätig. Dem Buch lag das Projekt «Mehr Freude am Beruf – Stressabbau und Stressprävention für Lehrerinnen und Lehrer» zugrunde. Die Buchbeiträge gehen auf eine fast zehnjährige Entwicklungsarbeit zurück. Das Trainingsbuch ist für Selbststudium und Gruppenarbeit vorgesehen. In Form von Bausteinen werden Hilfen zur Stressreduktion vermittelt:

1. Vergegenwärtigung und Verringerung der Belastungen des Schultages
2. Stressabbau durch Arbeitsorganisation und Zeitmanagement
3. stressreduzierende Maßnahmen in der Schule (Arbeitsorganisation/Kommunikation im Kollegium)
4. Stressprävention im Unterricht (Regeln/Rituale/Transparenz)

5. mentale Unterrichtsvorbereitung (bewusste Selbst- und Fremdwahrnehmung)
6. Stressprävention durch Ausbildung eines professionellen Selbstverständnisses (Erwartungen/Wünsche und Realitäten des Berufes)
7. Stressabbau durch Lebensfreude (Ressourcen/Regeneration)
8. Das Problem mit den guten Vorsätzen (Ziele/Unterstützung/Selbstmanagement)

In Form von Kopiervorlagen enthält das Buch Vorschläge, wie Lehrerinnen und Lehrer die Arbeitsbedingungen an ihrer Schule so verändern können, dass die Arbeit leichter wird. Selbstverständlich, so betont das Autorenteam, sind nicht alle Probleme individuell zu lösen.

Auch wenn die drei Werke auf unterschiedliche Berufsgruppen ausgerichtet sind, so zeigen sie in ihrer inhaltlichen Ausrichtung sehr deutliche Parallelen: Selbstreflexion, um Stressoren zu definieren, Zeitmanagement, Sinnvariablen in Beruf- und Privatleben, Formen der Regeneration, Erarbeitung von Handlungsstrategien.

Mit Sicherheit können derartige Programme für Menschen, die an Burnout-Prävention interessiert oder von Burnout betroffen sind, eine erste Hilfestellung sein. Wenn aber wie vielfach in der Ratgeberliteratur von «leicht umsetzbaren Präventionsmaßnahmen und Lösungsstrategien», «dem erfolgreichen Besiegen von Burnout in 30 Tagen» oder «einem Anti-Burnout-Erfolgsprogramm» die Rede ist, ist mit Sicherheit Skepsis angebracht.

12. Ausblick:
Was schützt und stärkt!

Bei aller gebotenen Skepsis gegenüber dem Phänomen Burnout – gesellschaftliche Relevanz und individuelle Betroffenheit sind gute Gründe, diese Darstellung mit einem positiven Ausblick zu beschließen.

Auf der Basis langjähriger Erfahrung in der Burnout-Prävention und -Therapie hat das österreichische Psychologenehepaar Schmitz/Schmitz (2007, 22–23) eine Checkliste von Schutzmechanismen für Gefährdete und Betroffene zusammengestellt:

Auf sich selbst aufmerksam sein Es gibt Anzeichen für einen beginnenden Burnout-Prozess: Wenn der Kreislauf schon morgens sehr hochtourig ist, wenn schwierige Tage nicht mehr bewältigt werden können, wenn sich bei Kleinigkeiten der Puls schnell erhöht, wenn die Zeit für das Alltägliche (der Gang zur Toilette) nicht möglich scheint, wenn mir alles über den Kopf wächst und mir keine Zeit mehr für mich selbst bleibt.

Die Arbeit organisieren Selbstmanagement lässt sich lernen: Wenn Sie 80 % der Arbeit schaffen, ist es genug! Sie müssen den Aufgaben Prioritäten zuordnen und zunächst das Wichtigste abarbeiten. Die Aufgaben sollten Sie Ihrer persönlichen Leistungsfähigkeit anpassen: Wenn Sie sich fit fühlen, erledigen Sie schwierige Aufgaben, wenn Sie sich erschöpft fühlen, erledigen Sie die Routinearbeit. Perfektion gibt es nicht einmal in der Technik; beim Menschen ist sie ausgeschlossen.

Den eigenen Stresstyp erkennen Die Fähigkeit, Druck auszuhalten, ist individuell sehr unterschiedlich verteilt. Wenn eine Aufgabe nicht als Herausforderung, sondern als permanente Überforderung empfunden wird, dann wird Stress zum Dauerzustand. Wenn dies bei Ihnen der Fall ist, dann sollten Sie über Ihre Aufgaben nachdenken. Was ist wirklich Ihre Aufgabe? Welche alternativen Handlungsmöglichkeiten haben Sie? Manchmal ist es ausreichend, solide zu arbeiten, eine hundertprozentige Leistung lässt sich nicht immer erbringen.

Die Kontrolle behalten Am Beginn der Burnout-Spirale steht der Kontrollverlust: Ich muss die Pflichten und die Spielräume meiner Arbeit und meines Alltags genau studieren. Unrealistische Arbeitsvorgaben sollten thematisiert werden. Sie müssen nicht alles erdulden und hinnehmen. Wenn auch Kollegen und Kolleginnen unter den nämlichen Bedingungen leiden, heißt dies: Sie sind kein Einzelfall.

Die eigenen Grenzen kennen Sie sollten Vorgaben vermeiden, die Sie körperlich nicht erfüllen können. Wie viel können Sie sich und Ihrem Körper zumuten? Es gibt vielleicht Menschen, die ständig sehr hochtourig fahren können. Andere wiederum sind einem solchen Pensum nicht gewachsen, ohne der Typ des Versagers zu sein.

Freizeit gestalten Der Arbeitsprozess sollte auch Pausen haben. Schaffen Sie sich einen Lebensrhythmus, der auch aus Freizeit besteht. Was auch immer Ihnen gefällt: Laufen Sie, fahren Sie Fahrrad, wandern Sie, seien Sie kreativ, nur warten Sie nicht, sondern tun Sie es jetzt!

Work-Life-Balance Wenn Sie nur für Ihren Beruf leben und Anerkennung und Selbstbewusstsein nur aus Ihrer Arbeit schöpfen, dann sind Sie gefährdet. Wichtig sind dann die ehrlichen Fragen: Welche Lebensbereiche kommen zu kurz? Wie bringe ich Arbeit und Privatleben in eine gesunde Balance?

Wenn Sie Hilfe benötigen ... dann sollten Sie den Mut aufbringen, einen Arzt aufzusuchen. Möglicherweise fühlen Sie sich nicht gleich in der ersten Therapie «richtig aufgehoben»: Dann sollten Sie wechseln!

Am Ende dieses Buches kein einfacher, klar formulierter Rat, aber eine offene, positive Perspektive:

> Wenn du eine Stunde lang glücklich sein willst:
> *Schlafe*
> Wenn du einen Tag lang glücklich sein willst:
> *Gehe fischen*
> Wenn du eine Woche lang glücklich sein willst:
> *Schlachte ein Schwein*
> Wenn du einen Monat lang glücklich sein willst:
> *Heirate*
> Wenn du ein Jahr lang glücklich sein willst:
> *Erbe ein Vermögen*
> Wenn du ein Leben lang glücklich sein willst:
> *Liebe deine Arbeit*
> (Chinesisches Sprichwort zit. n. Barth 1997, 5)

Glossar

Burnout dt.: Ausbrennen, wird als dauerhafter, negativer arbeitsbezogener Seelenzustand gesehen, der in erster Linie von Erschöpfung gekennzeichnet ist, begleitet von Unruhe, Anspannung, einem Gefühl verringerter Effektivität, gesunkener Motivation und der Entwicklung dysfunktionaler Einstellungen und Verhaltensweisen bei der Arbeit. Die psychische Verfassung entwickelt sich über einen längeren Zeitraum und ist Resultat einer Fehlanpassung von Intentionen und Berufsrealität (Schaufeli/Enzmann, 1998).

Equity-Theorie dt.: Gerechtigkeit, Billigkeit. In derartigen Theorien wird das wahrgenommene Gleichgewicht zwischen Geben und Nehmen im Verhältnis zwischen Arbeitgeber und Arbeitnehmer analysiert. Zurückgeführt wird der Theorieansatz auf Adams (1965) und besagt: Die Bewertung von zwischenmenschlichen beruflichen Beziehungen erfolgt nach den Kriterien Investition und Ertrag. Bestimmend ist ein Grundbedürfnis nach Ausgewogenheit zwischen beiden Elementen.

Job Demands Control Model dt.: Arbeits-Anforderungs-Kontroll-Modell, wird auf Karasek (1979) zurückgeführt und ist gegenwärtig die einflussreichste Theorie im Bereich der Erforschung von Arbeitsstress. Grundlegend ist: Arbeitsstress resultiert aus der Kombination von hohen Arbeitsanforderungen und niedriger Arbeitskontrolle.

Stress Der Begriff wurde von Selye (1975) in die Fachdiskussion eingebracht, der als Begründer der Stressforschung gilt. Stress ist eine unspezifische Reaktion eines Organismus auf jede Art von Anforderungen. Stressoren können entweder als positive Herausforderung oder als bedrohende Einengung im Berufsalltag erlebt werden.

Supervision dt.: ursprünglich Aufsicht, Betreuung, Kontrolle, ist eine Sammelbezeichnung für psychosoziale Interventionen, die auf den beruflichen Kontext ausgerichtet sind. Gegenstand der zwischen Supervisor und Supervisand (oder Supervidandengruppen) stattfindenden Supervision ist die psychosoziale Beratung, die Entlastung, Klärung der beruflichen Identität und die Steigerung der beruflichen Handlungskompetenz

Psychohygiene Psychohygiene wird als Praxis und Lehre vom seelischen Gesundheitsschutz definiert. Psychohygiene wendet sich als Aufgabe und Herausforderung an jeden Menschen, ist Faktor in der Psychotherapie und der Resozialisierung und hat einen Auftrag bei Störungen innerhalb der Gesellschaft.

Coping dt.: Bewältigung, unter Coping werden individuelle Formen verstanden, in denen Menschen auf Belastungen reagieren. Bewältigung ist hierbei ein prozesshaftes Geschehen, das durch negative Emotionen in Gang gesetzt wird. Im Prozess der Verarbeitung findet dann eine Neubewertung der Emotionen statt. Coping ist nicht an den erfolgreichen Abschluss der Stresssequenz gebunden, schon der Versuch wird als Coping bezeichnet.

Salutogenese dt.: Gesundheitsentstehung, Gegenbegriff zur Pathogenese. Der israelische Medizinsoziologie Antonovsky (1997) führte diesen Begriff als Wortneuschöpfung ein, um Gesundheitsforschung statt Krankheitsforschung in das Zentrum sozialpolitischer Diskurse zu rücken. Zentral ist der Begriff des Kohärenzsinns. Er bringt zum Ausdruck, in welchem Ausmaß ein Mensch ein nachhaltiges Gefühl des Vertrauens besitzt. Dieses Gefühl ist offenbar eng mit Gesundheit verbunden.

Literatur

Adams, J. (1965): Inequity in social exchange. In: Berkowitz, L. (Ed.): Advances in experimental social psychology. New York: Academic Press, 267–299.

Antonovsky, A. (1997): Salutogenese: Zur Entmystifizierung der Gesundheit. Tübingen. dgvt.

Pines, A. M., Aronson, E., Kafry, D. (^{10}2006): Vom Überdruss zur Selbstentfaltung. Stuttgart: Klett-Cotta.

Barth, A. R. (^{2}1997): Burnout bei Lehrern. Theoretische Aspekte und Ergebnisse einer Untersuchung. Göttingen, Toronto, Zürich: Hogrefe.

Beemsterboer, J., Baum, B. H. (1984): «Burnout»: Definitions and health care management. Social work in health care. 10, 97–109.

Bergner, T. (2007a): Burnout-Prävention. Das Neun-Stufen-Programm zur Selbsthilfe. Stuttgart/New York: Schattauer.

Bergner, T. (2007b): Burnout bei Ärzten: Arztsein zwischen Lebensaufgabe und Lebens-Aufgabe. Stuttgart/New York: Schattauer.

Bruggemann, A. (1974): Zur Unterscheidung verschiedener Formen von Arbeitszufriedenheit. Arbeit und Leistung, 28, 281–284.

Burisch, M. (^{3}2006): Das Burnout-Syndrom. Theorie der inneren Erschöpfung. Berlin/Heidelberg: Springer.

Büssing, A., Perrar, K. M. (1992): Die Messung von Burnout. Untersuchung einer deutschen Fassung des Maslach Burnout Inventory (MBI-D). Diagnostica 38, 328–353.

Cherniss, C. (1980): Professional Burnout in the human service organization. New York: Praeger.

De Lange, A., Taris, T. W., Kompier, M., Houtman, I., Bongers, P. M. (2002): Effects of stable and changing demand-control histories on worker health. Scandinavian Journal of Work, Environment and Health 28, 94–108.

Die Zeit (2006): Die Ausgebrannten. Interview mit Uwe Schaarschmidt. In: Die Zeit 52, 47.

Dorsemagen, C., Lacroix, P., Krause, A. (2007): Arbeitszeit an Schulen: Welches Modell passt in unsere Zeit? Kriterien zur Gestaltung schulischer Arbeitsbedingungen. In: Rothland, M. (Hrsg.): Belastung und Beanspruchung im Lehrerberuf. Modelle, Befunde, Interventionen. Wiesbaden: VS, 227–247.

Fengler, J. (^{6}2001): Helfen macht müde. Zur Analyse und Bewältigung von Burnout und beruflicher Deformation. München: Pfeiffer bei Klett-Cotta.

Freudenberger, H. J., Richelson, G. (1980): Burn-out. The high cost of high achievement. Garden city: Anchor Press.

Freudenberger, H. J., Richelson, G. (2003): Mit dem Erfolg leben. München: Heyne.

Freudenberger, H. J. (1974): Staff burn-out. Journal of Social Issues, 30, 159–165.

Gamsjäger, E. (1994): Burnout. Eine empirische Studie über das Ausbrennen der Hauptschullehrerinnen im Bundesland Salzburg. Dissertation. Universität Salzburg.

Hagemann, W. (2003): Burn-out bei Lehrern. Ursachen, Hilfen, Therapien. München: C. H. Beck.

Häußler, M. (2000): Skepsis als heilpädagogische Haltung. Reflexionen zur Berufsethik der Heilpädagogik. Bad Heilbrunn: Klinkhardt.

Hedderich, I., Hecker, A. (2007): Wenn Erziehung zur Last wird. Wissenschaftliche Forschungsergebnisse und Lösungswege für die Praxis. In: Verband Sonderpädagogik e. V. (Hrsg.): Erziehung und Unterricht – Visionen und Wirklichkeit. Tagungsband zum Sonderpädagogischen Kongress 2007. Würzburg, 146–175.

Hedderich, I., Hecker, A. (2007): Berufliche Belastung und Burnout im heilpädagogischen Arbeitsfeld: Begriff, Forschungslage und Perspektiven. In: Heilpädagogik online 04/07, 38–59, Quelle http://www.heilpaedagogik-online.com/2007/heilpaedagogik_online_0407.pdf, Stand: 25.09.2007.

Hedderich, I. (1997): Burnout bei Sonderschullehrerinnen und Sonderschullehrern. Eine vergleichende empirische Untersuchung, durchgeführt in Schulen für Körperbehinderte und in Hauptschulen, auf der Grundlage des Maslach Burnout Inventory. Berlin: Marhold.

Hedderich, I. (2004): Berufliche Belastungssituationen: Erkennen und begegnen. In: Verband Sonderpädagogik e.V. (Hrsg.): Grenzen überwinden – Erfahrungen austauschen. Der große Berichtsband zum sonderpädagogischen Kongress 2004. Würzburg, 115–124.

Hedderich, I. (²2006): Einführung in die Körperbehindertenpädagogik. München/Basel: Reinhardt.

Heidenreich, R. (1995): Supervision als Teil der professionellen Identität von Lehrerinnen und Lehrern. Erfahrungsbericht eines Supervisors. (Unveröffentlicht).

Hillert, A., Marwitz, M. (2006): Die Burnout-Epidemie oder brennt die Leistungsgesellschaft aus? München: C. H. Beck.

Hinrichs, P., Koch, J., Meyer, C., Philipp, B., Schmidt, C. (2003): Horrortrip Schule. In: Der Spiegel 46, 46–48.

Hochschild, A. R. (1983): The managed heart: Berkeley: University of California Press.

Hülshoff, T. (1999): Emotionen Eine Einführung für beratende, therapeutische, pädagogische und soziale Berufe. München/Basel: Reinhardt.

Jacobsen, E. (⁴2000): Entspannung als Therapie. Progressive Relaxation in Theorie und Praxis. Stuttgart: Pfeiffer bei Klett-Cotta.

Kaluza, G. (2005): Stressbewältigung. Trainingsmanual zur psychologischen Gesundheitsförderung. Heidelberg: Springer.

Karasek, R. (1979): Job demands, Job decision latitude and mental strain: Implication for Job redesign. Administrative Science Quarterly 24, 285–308.

Kleiber, D., Enzmann, D. (1990): Burnout. Eine internationale Bibliografie. Göttingen: Hogrefe.

Kolitzus, H. (⁵2007): Das Anti-Burnout-Erfolgsprogramm. Gesundheit, Glück und Glaube. München: dtv.

Körner, S. C. (2003): Das Phänomen Burnout am Arbeitsplatz Schule. Berlin: Logos.

Krause, A., Dorsemagen, C. (2007a): Ergebnisse der Lehrerbelastungsforschung: Orientierung im Dschungel. In: Rothland, M. (Hrsg.): Belastung und Beanspruchung im Lehrerberuf. Modelle, Befunde, Interventionen. Wiesbaden: VS, 52–80.

Krause, A., Dorsemagen, C. (2007b): Psychische Belastungen im Unterricht. In: Rothland, M. (Hrsg.): Belastung und Beanspruchung im Lehrerberuf. Modelle, Befunde, Interventionen. Wiesbaden: VS, 99–118.

Kretschmann, R. (2006): Stressmanagement für Lehrerinnen und Lehrer. Ein Trainingsbuch mit Kopiervorlagen. Weinheim/Basel: Beltz.

Kultusministerkonferenz (Hrsg.) (2000): Aufgaben von Lehrerinnen und Lehrern heute – Fachleute für das Lernen. Gemeinsame Erklärung des Präsidenten der Kultusministerkonferenz und der Vorsitzenden der Bildungs- und Lehrergewerkschaften sowie ihrer Spitzenorganisationen. Beschluss der Kultusministerkonferenz vom 5.10.2000.

Lazarus, R. S., Launier, R. (1981): Stressbezogene Transaktionen zwischen Person und Umwelt. In: Nitsch, J. (Hrsg.): Stress. Theorien, Untersuchungen, Maßnahmen. Bern: Huber, 213–260.

Lazarus, R. S., Folkman, S. (1987): Transactional theory and research on emotions and coping. European Journal of Personality 1, 141–169.

Lazarus, R. S. (1999): Stress and emotion. New York: Springer.

Lechner, F., Reiter, W., Riesenfelde, A., Mitschka, R., Fischer, A., Schaarschmidt, U. (1995): Das Befinden von Lehrerinnen und Lehrern an österreichischen Schulen. Eine empirische Untersuchung zum physischen und psychischen Zustandsbild. Innsbruck: Studienverlag.

Maslach, C., Jackson, S. E. (1981): Maslach Burnout Inventory. Palo Alto: Consulting Psychologist Press.

Maslach, C., Jackson, S. E. (1984): Burnout in organisational settings. In: Oskamp, St. (Ed.): Applied Social Psychology Annual, Beverly Hills, CA: Sage, 133–154.

Maslach, C., Jackson, S. E. (²1986): Maslach Burnout Inventory. Palo Alto: Consulting Psychologist Press.

Maslach, C., Jackson, S. E., Leiter, M. P. (1996): Maslach Burnout Inventory Manual. Palo Alto: Consulting Psychologist Press.

Maslach, C., Leiter, M. P. (2001): Die Wahrheit über Burnout. Stress am

Arbeitsplatz und was Sie dagegen tun können. Wien/New York: Springer.

Müller, E. (1994): Ausgebrannt – Wege aus der Burnout-Krise. Freiburg/Basel/Wien: Herder.

Mutzeck, W. (⁵2005): Kooperative Beratung. Grundlagen und Methoden der Beratung und Supervision im Berufsalltag. Weinheim/Basel: Beltz.

Neck, P. (1977): A Model for small Enterprise development Programmes. In: Neck (Ed.): Small Enterprise development: Policies and Programmes. Geneva: ILO.

Rook, M. (1998): Theorie und Empirie in der Burnout-Forschung. Eine wissenschaftstheoretische und inhaltliche Standortbestimmung. Hamburg: Dr. Kovac.

Rösing, I. (2003): Ist die Burnout-Forschung ausgebrannt? Analyse und Kritik der internationalen Burnout-Forschung. Heidelberg, Kröning: Asanger.

Rudow, B. (1994): Die Arbeit des Lehrers. Zur Psychologie der Lehrertätigkeit, Lehrerbelastung und Lehrergesundheit. Bern: Huber.

Rudow, B. (2004): Arbeitsbedingungen für Erzieherinnen. Zeitschrift Bildung und Wissenschaft. 15, 6–11.

Schaarschmidt, U., Fischer, A. W. (2001): Bewältigungsmuster im Beruf. Göttingen: Vandenhoeck, Ruprecht.

Schaarschmidt, U. (Hrsg.) (²2005): Halbtagsjobber? Psychische Gesundheit im Lehrerberuf – Analyse eines veränderungsbedürftigen Zustandes. Weinheim/Basel: Beltz.

Schaarschmidt, U., Kieschke, U. (Hrsg.) (2007): Gerüstet für den Schulalltag. Psychologische Unterstützungsangebote für Lehrerinnen und Lehrer. Weinheim/Basel: Beltz.

Schad, M. (²2003): Erziehung (k)ein Kinderspiel. Gefährdungen und Belastungen des pädagogischen Personals in Kindertagesstätten. Wiesbaden: VS.

Schaufeli, W. B., Enzmann, D. (1998): The Burnout Companion to study and practice. London: Taylor, Francis.

Schaufeli, W., Kompier, M. (2001): Managing Job Stress in the Netherlands. International Journal of Stress Management. 8, 15–34.

Schmid, A. (2003): Stress, Burnout und Coping. Eine empirische Studie an Schulen zur Erziehungshilfe. Bad Heilbrunn: Klinkhardt.

Schmidbauer, W. (1977): Die hilflosen Helfer. Reinbek: Rowohlt.

Schmitz, M., Schmitz, M. (2007): Checkliste für Gefährdete und Betroffene. Was schützt und wer hilft. Gesund leben. Das Magazin für Körper, Geist und Seele. 1, 22–23.

Seibt, R., Kahn, A., Thinschmidt, M., Dutschke, D., Weidhaas, J. (2005): Gesundheitsforderung und Arbeitsfähigkeit in Kindertagesstätten. Einfluss gesundheitsförderlicher Maßnahmen auf die Arbeitsfähigkeit von Beschäftigten in Kindertagesstätten und Beiträge zur Netzwerkbildung. Bremerhaven: Wirtschaftsverlag NW.

Selye, H. (1975): Confusion and controversy in the stress field. Journal of human stress, 1, 37–44.

Sommer, G., Fydrich, T. (Hrsg.) (1989): Soziale Unterstützung und Sozu-B. DGVT Materialien, Nr. 22.

Van Dick, R., Stegmann, S. (2007): Belastung, Beanspruchung und Stress im Lehrerberuf – Theorien und Modelle. In: Rothland, M. (Hrsg.): Belastung und Beanspruchung im Lehrerberuf. Modelle, Befunde, Interventionen. Wiesbaden: VS, 34–51.

Van Dierendonck, D., Schaufeli, W., Buunk, B. P. (1998): The evaluation of an individual burnout intervention program: The role of inequity and social support. Journal of applied psychology. 83, 292–407.

Wagner-Link, A. (⁴2005): Verhaltenstraining zur Stressbewältigung. Arbeitsbuch für Therapeuten und Trainer. Stuttgart: Klett-Cotta.

Weltgesundheitsorganisation (Hrsg.) (1991): Internationale Klassifikation psychischer Störungen. Klinisch-diagnostische Leitlinien ICD-10, Bern, Göttingen, Toronto: Huber.

Zapf, D. (2002): Emotion work and Psychological well-being. A Review of the literature and some conceptual considerations. Human Resource Management Review 12, 237–268.

Kommentierte Bibliografie

Burisch, M. (³2006): Das Burnout-Syndrom. Theorie der inneren Erschöpfung. Heidelberg: Springer.
Matthias Burisch hat eine Professur für Psychologie an der Universität Hamburg inne. Das Buch gilt in der dritten Auflage mittlerweile als Standardwerk im deutschsprachigen Raum. Burisch richtet sich mit seinem Werk an Sozialwissenschaftler und Praktiker zugleich. Neben der Darlegung des aktuellen Forschungsstandes wird eine umfassende Theorie des Burnout-Syndroms entwickelt und anhand von Fallbeispielen illustriert. Trotz des hohen theoretischen Niveaus verliert Burisch nie den Bezug zu Alltagserfahrungen und bietet auch anschauliche Hilfestellungen zur Selbsthilfe.

Fengler, J. (⁶2001): Helfen macht müde. Zur Analyse und Bewältigung von Burnout und beruflicher Deformation. Stuttgart: Pfeiffer bei Klett-Cotta.
Jörg Fengler ist sowohl Psychologe als auch Psychotherapeut und als Professor an der Universität zu Köln tätig. Das Buch stellt Helfer und Klienten in das Zentrum der fachlichen Betrachtung und geht auf eine 20-jährige Erfahrung des Autors als Helfer zurück. Auf der Basis wis-

senschaftlicher Analysen von Belastung, Burnout und beruflicher Deformation werden Formen der Bewältigung konkret aufgezeigt. Hierzu greift der Autor auf zahlreiche Beispiele aus der eigenen therapeutischen Praxis zurück und bietet eine Fülle von Fragebögen zur Selbsterfahrung. Eine Empfehlung für fachlich Interessierte und Betroffene helfender Berufe.

Rösing, I. (2003): Ist die Burnout-Forschung ausgebrannt? Heidelberg/Körning: Asanger.

Ina Rösing ist Experimentalpsychologin, Wissenschaftssoziologin und als Professorin am Klinikum der Universität Ulm beschäftigt. Aus kulturanthropologischer Perspektive hat Rösing eine Sichtung der neueren Burnout-Literatur vorgelegt und zu einer Fundamentalkritik verdichtet. Sie gibt einen profunden Überblick über die internationale Literatur und zeigt gewinnbringende Forschungsperspektiven auf. Eine Empfehlung nicht nur für Forscher und Forscherinnen.

Schaufeli, W. B., Enzmann, D. (1998): The burnout-companion to study and practice. A critical analysis. London: Taylor & Francis.

Wilmar Schaufeli und Dirk Enzmann haben als Psychologen Professuren an der Universität Utrecht in den Niederlanden inne. Sie liefern eine flächendeckende Sichtung der Forschungsliteratur zwischen 1988 und 1998. Ein Werk, das sich an die Adresse von Wissenschaftlern und Forschern richtet. Es räumt schonungslos mit dem Burnout-Mythos auf und stellt auch die enttäuschenden Befunde gegenüber. Insbesondere die Ergebnisse der Längsschnittstudien waren bis dato fast ausschließlich negativ.

Hilfreiche Informationen

Internetadressen

www.bzga.de: Bundeszentrale für Gesundheitliche Aufklärung
www.bmgesundheit.de: Bundesministerium für Gesundheit
www.arbeitssucht.de
www.rki.de: Robert-Koch-Institut: Wechselnde Gesundheitsthemen
www.openthedoors.de: Homepage für psychisch Kranke und deren Angehörige, Links, Materialien, Literaturhinweise, Filme etc.
www.dhs.de: Deutsche Hauptstelle gegen die Suchtgefahren
www.aerztlichepraxis.de: Für Ärzte und Patienten, medizinisches Wörterbuch etc.
www.labournet.de: Viele Informationen rund um die Arbeit, Arbeitsatmosphäre, Arbeitssucht etc.

Ratgeber und praxisbezogene Literatur

1. Carsten, C. (2008): Den Burnout besiegen. Das 30-Tage-Programm. Freiburg im Breisgau: Herder.
2. Kolitzus, H. (⁵2007): Das Anti-Burnout Erfolgsprogramm. München: dtv.
3. Schulz von Thun, F. (2001): Miteinander reden. Band 1 bis 3. Reinbek: rororo.
4. Birkenbihl, V. F. (1998): Der Birkenbihl-Power-Tag. Lanzberg: mvg.
5. Watzlawick, P. (1983): Anleitung zum Unglücklichsein. München: Piper.

Entspannungstechniken
Beispiel: Progressive Muskelentspannung

Entwickelt wurde dieses Verfahren in den 1930er Jahren von Edmund Jacobsen. Es nutzt die Erkenntnis, dass muskuläre Spannungen mit vegetativen und nervösen Prozessen verknüpft sind, die für die Steuerung der Stressreaktion verantwortlich sind. Abbau muskulärer Spannung bewirkt Entspannung. Über den Weg der zeitweise verstärkten Anspannung von Muskelgruppen erfolgt eine sich anschließende Entspannung der Muskulatur. Durch den Zyklus von Anspannung und Entspannung, der fortschreitend auf alle Muskelgruppen des Körpers Anwendung findet, entsteht Entspannung auf der muskulären und der Verhaltensebene. Bei der progressiven Muskelentspannung nach Jacobsen werden die verschiedenen Muskelpartien des Körpers nacheinander angespannt und dann entspannt: Hände, Unterarme, Oberarme, Schultern und Nacken, Rücken, Gesicht, Vorderhals, Brust, Bauch, Gesäß, Oberschenkel, Unterschenkel, Füße. Es wird empfohlen, sich die Entspannungstechnik unter fachlicher Anleitung anzueignen. Als vertiefende Lektüre können Sie darüber hinaus zurückgreifen auf: Wagner-Link, A. (⁵2001): Aktive Entspannung und Stressbewältigung. Ehningen: Expert.

Die nachfolgende Übung erfolgt in Anlehnung an die genannte Autorin. Sie sollten sich dazu eine halbe Stunde Zeit nehmen. Legen oder setzen Sie sich bequem hin. Winkeln Sie die Arme leicht an. Lockern Sie die Beine, schließen Sie die Augen und konzentrieren Sie sich auf Ihre Muskeln. Ballen Sie die Fäuste und halten Sie die Anspannung. Entspannen Sie die Hand und beobachten Sie die Wirkung. Wiederholen Sie diese Übung. Zur Entspannung des Gesichtes runzeln Sie die Stirn, halten Sie die Anspannung fest, entspannen Sie und spüren Sie die Lockerung von Kopfhaut und Stirn. Erzeugen Sie Anspannung der Augen, der Zähne, der Zunge, der Lippen, des Nackens und der Schultern und entspannen Sie wieder. Zur Entspannung von Brust, Bauch und Rücken atmen Sie zunächst tief ein und aus. Spannen Sie Ihre Bauchmuskeln an, lassen Sie wieder locker und wiederholen Sie die Übung. Erzeugen Sie Anspannung in Rücken, Schenkeln und Waden und entspannen Sie wieder. Bleiben Sie entspannt liegen. Heben Sie langsam die Entspannung auf, atmen Sie langsam und ruhig und strecken und dehnen Sie sich. Die Wiedergabe der Übung erfolgt in Kurzform, lesen Sie die Übung ausführlich bei Wagner-Link (2001) nach *(www.mensch-und-management.de)*.

Weitere Verfahren im Überblick:

Autogenes Training
ist eine Art der Selbsthypnose, die Entspannung ermöglicht. Leitsätze suggerieren Ruhe, Schwere und Wärme. Über den Weg von Vorstellungen wird der Körper in eine Ruhephase versetzt.

Meditatives Tai-Chi
ist einer altchinesischen Kampfkunst nachempfunden. Körpereigene Energien sollen freigesetzt werden, um im hektischen Alltag zu mehr Ruhe und Gelassenheit zu gelangen. Neben der Herbeiführung von Entspannung soll diese Methode auch die Leistungsfähigkeit steigern sowie Körpergefühl und Konzentration verbessern.

Qigong
ist in der traditionellen chinesischen Medizin beheimatet. Im Zentrum steht das Zusammenspiel von Atmung, Bewegung und Konzentration, ähnlich wie beim Tai-Chi. Für Menschen, die Entspannung mit Bewegung verbinden wollen, sind beide Verfahren besonders geeignet.

Hatha-Yoga
ist eine traditionelle indische Bewegungskunst. Sie basiert auf Körper- und
Atemübungen und trainiert Konzentration und Entspannung. Ziel ist eine
Verbesserung des Körperbewusstseins. Zu beachten ist: Menschen mit gesundheitlichen Problemen sollten keine extremen Yogastellungen praktizie-
ren und vorher den Arzt konsultieren!

Literaturempfehlung:

Kabat-Zinn, J. (1991): Gesund durch Meditation. Das große Buch der
Selbstheilung. Frankfurt am Main: Fischer.

Sachregister

Alkohol 25
Alltag 52, 63, 65, 73, 88 f., 92, 96, 106
Anerkennung 7, 24, 71, 77, 79, 96
Ansatz, arbeits- und organisationspsychologischer 15, 28, 30
Ansatz, individuenzentriert 28
Ansatz, soziologisch-sozialwissenschaftlicher 28, 31
Arbeit 7, 11, 16, 20, 23, 26, 30, 32 ff., 36, 45, 71, 76 f., 79 f., 83 f., 94–97
Arbeitsbedingungen 15, 44, 62, 75, 77, 80, 94
Arbeitsfeld 54 f., 70, 75, 87
Arbeitsstress 16, 30, 60, 82, 103
Arbeitszeit 7, 30, 41, 47, 49, 70, 74, 78–81
Arbeitszufriedenheit 20 f., 35, 54
Ärzte 22, 59, 87, 92
Ätiologie 18, 70
Autonomie 81
AVEM 36, 50 f., 69, 76

Behandlung 62, 71 ff., 82
Behinderung 22, 52, 68, 71
Belastung 19 f., 29 f., 32, 36 f., 39 f., 45–49
Belastungsbewältigung 32
Belastungsquellen 44, 47, 49
Belastungssignale 54
Belohnung 44
Beruf(e) 7, 11, 15 f., 21 f., 26, 29, 31, 37–42, 48, 50, 54, 75–78, 86, 90–94
Berufsmotive 28 f., 50

Betroffene 9, 11, 16, 20, 28, 62, 74, 95
Bewältigung 16, 19 f., 30, 36, 56 ff., 88, 103
Bewältigungsstrategien/-stile 11, 17, 29, 41, 44 f., 51, 58, 62, 64 f., 67, 70
Bewegung 73, 106 f.
Burnout-Behandlung 10, 62, 71 ff., 82
Burnout-Entstehung 20 f., 26, 29, 31
Burnout-Entwicklung 26, 28, 103
Burnout-Folgen 46, 54, 74
Burnout-Symptome 13, 22–27
Burnout-Ursachen 28, 40, 45, 59

Coping 16, 19 f., 46, 56, 103 f.

Demografische Merkmale 30, 38–41, 46, 49
Depersonalisierung 11, 15, 32, 68
Depression 10, 24, 26, 35, 73
Desillusionierung 23, 26, 38
Diagnose 10, 13, 36, 62
Dienstleistungsberufe 15 f., 21 f., 26, 33, 83
Distanzierung 16, 19, 36, 68, 76
Drogenkonsum 25

Ehrenamtliche 14
Emotionale Erschöpfung 11, 13, 15, 23, 32, 35, 38, 59 f., 68, 76 f., 83, 103
Emotionsarbeit/-theorien 56, 58 f., 76

Empirische Forschung 14, 17 f., 29, 32, 35, 40, 46
Entlastung 20, 49, 64, 73, 89, 103
Entscheidung 24
Entspannung 25, 64, 66, 105 f.
Entspannungsstrategien/-übungen 63 f., 68, 70, 91, 105 f.
Equity-Theorie 60, 68, 103
Erfolg 37, 83
Erholung 47, 64, 77
Erschöpfung 10 f., 13, 15, 23, 32, 35, 38, 59 f., 68, 73, 76 f., 83, 102
Erzieher 22, 75 ff., 87

Feedback 30, 84, 87
Fehler 53
Förderschule 52
Forschung 7, 10, 14–17, 32, 35, 38 ff., 42, 44 f., 47, 53–56, 58, 71
Forschungsergebnisse 49, 70, 38–42
Fortbildung 54, 91

Gefühle 11, 23 ff., 34, 57 f., 86
Genuss 64, 92
Geschlechtsunterschiede 30, 39 ff., 49, 51
Gesundheitsförderung 50, 56, 74 ff., 78, 91
Gesundheitszirkel 77 f.
Gleichgewichtstheorien 56, 60 f.

Haltung 37, 39, 68–71, 87
Hauptschule 41, 45, 52
Helfer 15, 22, 28 f.
Helfermotivation 28 f.
Helferpersönlichkeit 28 f.
Historie 13–17

ICD-10 10
Institutionseinflüsse 30, 82, 87, 91
Internet 10, 63, 105
Intervention 46, 49, 62 ff., 67–71, 74 f., 82, 84 f., 91, 103

Kindertagesstätten 76 ff.
Klinikaufenthalt 63
Kohärenzkonzept 57, 104
Kollegen 23, 44, 87, 96
Krankenhaus 83 f., 92
Krankenschwester 22, 60
Kritik 34, 38, 40, 56, 78

Lehramtsstudenten 51, 68
Lehrer 13, 15, 22, 40 f., 43–55, 78–81, 87, 89, 93 f.
Leistungsfähigkeit 11, 13, 15, 24, 32 f., 38, 41, 68, 84, 95, 106

Management 44, 83 ff., 92, 94 f.
Maslach Burnout Inventory 14 f., 17, 32–36, 38, 40, 52
Medizin 10, 22, 80, 105 f.
Messinstrumente 14, 32–37, 42, 48, 50, 56, 69
Messung 32, 35 f., 50, 82
Motivation 11, 24, 26–29, 103

Neurasthenie 13

Obdachlosen- und Drogenhilfe 14

Paradigmen 44 f., 56
Personalmangel 47, 75, 77, 83 f.
Persönlichkeitsmerkmale 15, 28 f., 31, 38 f., 41, 45 ff., 49, 74
Phasen der Burnout-Forschung 14, 16 f.
Phasen des Burnout-Verlaufs 23
Potsdamer Lehrerstudie 36, 43, 49–52, 56, 68 f.
Prävention 21, 46, 62, 69 ff., 74, 76, 82, 84 f., 88, 92–95
Prophylaxe 62
Psychoanalyse/psychoanalytisch 13 ff., 22, 28, 72, 88
Psychohygiene 66, 103
Psychosomatische Reaktionen 21, 25, 27
Psychotherapie 54, 73 f., 103